AF593051

LA BERNARDE, COMEDIE.

A DIJON,

Par I. THIBAVT, Imprimeur & Marchand Libraire.

M. DC LI.

ACTEVRS.

LE DVC D'ORLEANS.

LE DVC de Beaufort.

Vn Conſeiller du Parlement de Paris.

Vn Conſeiller deputé du Parlement de Bourdeaux.

LE MAZARIN, defunt Miniſtre d'Eſtat.

LE DVC d'Eſpernon, defunt Gouuerneur de Guyenne, & Amant de Nanon.

Les Niepces du Mazarin.

Vn François domeſtique du Mazarin.

NANON.

MARION, ſœur de Nanon, & maiſtreſſe de St. Quentin.

Sainct Quentin, Eſcuyer du Duc d'Eſpernon & Amant de Marion.

Des Soldats pour le Duc d'Eſpernon.

Les Pariſiens en armes.

VN GASCON.

AVX LECTEVRS.

IE ne ſçay de quel œil mes Lecteurs verront cette piece. Pour moy i'oſe me perſuader que nos deux Tyrans n'ont point d'amis ſi intereſſez, qu'ils ne confeſſent qu'ils me ſont extremement obligez, d'auoir depeint leurs malices dans cette Comedie, s'ils ſe veulent donner la peine d'examiner mes raiſons. Il eſt vray que ie n'ay pas entrepris de faire vn Panegyrique de leurs vertus, ie ne ſuis pas aſſez hardy pour mentir ſi ouuertement. Ie n'ay pretendu donner au public qu'vne veritable deſcription de leur vie: & dans cette penſée ie rends vn ſeruice aſſez conſiderable à leur memoire, s'ils le ſçauent reconnoiſtre. Il eſt permis à ceux qui compoſent des Hiſtoires de remarquer au vray les vices, & les vertus des perſonnes les plus illuſtres; leurs eſcrits ne ſont point accuſez de mediſance, par ce qu'en ce grand eſclat d'honneur, les inclinations que l'on a ne ſe peuuent qu'auec peine cacher à la connoiſſance generale de tout le monde, & qu'on eſt obligé de loüer ou condamner leurs actions, par ce qu'on les doit propoſer pour exemples à ceux qui leur doiuent ſucceder: Et comme les Hiſtoriens font vne exacte profeſſion de ne s'eſloigner iamais de la verité, auſſi leurs ſentimens paſſent ordinairement pour veritables. Si i'euſſe eſcrit dans vn diſcours ſerieux, & en ſtyle d'Hiſtorien, les vies du Cardinal Mazarin, & du Duc d'Eſpernon, j'aurois entierement flêtri leur memoire, par le principe, qu'on ne croit pas qu'vn Hiſtorien ſe reſolue à mentir ſi aiſement. Au lieu que n'ayant fait qu'vne Comedie de leurs meſchancetez, on croira peut-eſtre que ie me ſuis ſerui de la liberté des Poëtes, à qui il eſt permis quelque fois de feindre; bien qu'il ne ſoit pas neceſſaire d'vſer de fiction, lors que la matiere eſt aſſez ample d'elle meſme. *Ridendo dicere verum quid vetat.* Ainſi en ne deſtruiſant pas entierement leur reputation dans les eſprits de ceux qui ſont à venir, ie fais voir à ces malheureux Tyrans que leurs malices ne nous ſont pas inconnuës: Et peut-eſtre par la raiſon que la Comedie fut eſtablie & receuë, qu'ils rougiront de leurs propres actions, & qu'ils tâcheront par vn amandement heureux, de reparer des fautes qui ont fait pleurer ſi ſouuent noſtre France.

LA BERNARDE, COMEDIE.

ACTE PREMIER, SCENE PREMIERE.

NANON ET MARION.

NANON.

Enfin voicy ma sœur le fruict de tes conseils,
Ie souffre incessāment des affronts sans pareils.
Tout le monde par tout fait de moy quelque farce,
D'vn homme effeminé, l'on me nomme la garce.
Mais ie puis t'asseurer (& c'est tout mon malheur)
Qu'entierement i'aurois encore cette fleur,
Ou la gloire du sexe est si fort attachée,

Si d'autres que Bernard ne m'eussent point touchée.

MARION.

Laisse parler le monde, escoute ses discours,
Mais tâche de gagner quelque chose toûjours.
Nanon si le succez trompe mes esperances,
Mes conseils ont du moins suiui les apparences.

NANON.

Apparence trompeuse, ah! malheureux espoir.

MARION.

Ne t'emporte pas tant, parle sans t'esmouuoir?
N'estoit ce pas assez, que par ma seule adresse
Tu te voyois, ma sœur, d'vn Prince la maistresse.

NANON.

D'vn Prince imaginaire.

MARION.

Au moins d'vn Gouuerneur,
D'vn Duc & Pair de France.

NANON.

Ah! faux esclat d'honneur.
D'vn lâche Gouuerneur, que nostre païs chasse,
D'vn Pair, à qui la Cour, des pairs oste la place.

MARION.

Mais enfin d'vn constant, & veritable amant.

NANON.

Amant, vous luy donnez ce nom injustement.
Non, non sa naturelle, & honteuse impuissance
Respond aux tristes bruits que de luy fait la France,
Et si par des aisez & veritables soins
On vouloit sur ce point rechercher des tesmoins,
L'auguste nom de Foix quitteroit sa famille,
Diamant feminin, mais dont sa maison brille.

MARION.

Tu peux, comme autrefois, par des moyens secrets
Rechercher tes plaisirs dans des Amans discrets,
Cependant que ce Duc par une autre foiblesse
Croyant estre le seul, que sa Nanon caresse
Fournira par sa bource à nos apointemens.

NANON.

Vous auez Marion vos diuertissemens,
Vous pouués à toute heure, à tous momẽs sãs crainte,
Sans importunité, sans feinte, sans contrainte
Rechercher vos plaisirs auecque liberté,
Cependant que ie suis dans la captiuité!
Croyez-vous que mes yeux puissent voir sans enuie,
Que vous goustiez tous purs les plaisirs de la vie;
Cependant que l'humeur d'vn impuissant jaloux
Me priue de ce fruict, que ie trouue si doux.
Non souffrez, Marion, les caresses du Prince,
Et que Nanon enfin retourne en sa Prouince.

Ie ne ſuis pas, ma ſœur, enlaidie à ce point
Qu'vn peu d'agreément à mes yeux ne ſoit joint:
Et que ie ne ſurprene encor quelque nouice,
Qui ſe verra raui d'apprendre l'exercice,
Ou le jeune apprentif paroiſt le plus parfait:
Ainſi ie gouſterai les plaiſirs en effet,
Dont ce Duc esbarbé chatoüille ma penſée
Par le ſeul ſouuenir d'vne choſe paſſée;
Mais dequi, pour choquer mon inclination,
Ie garde le deſir ſans la poſſeſſion.
Vous verrez ſi l'on doit ainſi ſe ſatisfaire,
D'vn Amant, d'vn amour, d'vn tout imaginaire.
Sers moy, ma chere ſœur, de pretexte à ton tour,
Ie veux cueillir le fruict d'vn veritable amour:
Ces vains chatoüillemens renouuellent l'enuie
Des douceurs dont ie fus autrefois ſi rauie.

MARION.

Il ne faut pas toûjours rechercher ce qui plaiſt,
Mais on doit quelquefois regarder ce qu'on eſt.
Nos ſatisfactions ſont bien conſiderables,
Mais elles ne ſont pas toûjours bien profitables.
Ainſi ſouffre ce Duc en cette extremité,
Non pas tant par amour, que par neceſſité;
Sans ſon puiſſant ſecours nous ſerions bien en peine
D'entretenir le vol de noſtre humeur hautaine.
Ie voudrois que mes yeux euſſent touché ſon cœur,
Que ie le traiterois auec moins de rigueur.
Ie le cajollerois auecque tant de feintes,

Que

Que ie l'obligerois à payer mes contraintes,
Pour luy mes faux discours marqueroiẽt tãt de foy,
Que sa bource à la fin se vuideroit pour moy.

NANON.

Ma sœur c'est vn Arabe, & pire que Barbare,
Iamais vilain ne fut à son egal auare.
Auant que par malheur la guerre de Bourdeaux
Eut fait de ses thresors tarir tous les ruisseaux:
L'infame dans l'ardeur de ses soins ordinaires
Fournissoit auec peine à nos frais necessaires.
Et pour iustifier son espargne en l'amour,
Sa bouche me faisoit ce discours chaque iour,
Qu'il ne sçauroit iamais estimer ces maistresses,
Dont l'estude s'employe à vendre leurs caresses,
Que non pas pour le bien, mais pour luy seulement
Il faloit estimer vn veritable Amant.
Que celle dont l'amour autrement s'abandonne
N'aimoit rien que l'argent, & non pas la personne.
Iugez si dans ce temps ce discours obligeant
A ce joly galand siesoit bien sans argent.
Cét homme sans effet, aussi-bien que sans mine,
Dans son aueuglement sans raison s'imagine,
Que c'est pour son beau nez qu'on le doit cajoller,
Mon esprit apres tout ne peut dissimuler:
Si l'on veut d'vne Amante obtenir quelque grace
Par des plaisirs reels que l'on la satisface,
Ou du moins qu'on la paye.

MARION.

Il eſt vray, mais Bernard
Pour nous entretenir nous fournit quelque liard:
Et bien que ſes preſens ſoient peu conſiderables,
Sans ce peu de ſecours nous ſerions miſerables.

NANON.

Auec luy deſormais on ne peut gagner rien,
La guerre de Bourdeaux a diſſipé ſon bien.
Cet homme fait auſſi des plaintes eternelles
De ſe voir ruiné par des ſujets rebelles,
Qu'il ne peut plus enfin ſouſtenir ſa grandeur,
Qu'on auoit veu reluire auec tant de ſplandeur;
Que bien loin de pouuoir donner de recompence
Il ſe voit obligé de regler ſa deſpence.
Que ſi les Bourdelois par leur empreſſement
Obtenoient contre luy leur deſdommagement,
Que tout ce qu'il auoit ne ſçauroit ſatisfaire
Pour reparer les biens qu'immola ſa colere;
Ainſi dans cét eſtat, où le ſort l'a reduit.
On le ſert ſans eſpoir d'en retirer du fruit.

MARION.

S'il s'en va perdre tout, preuenons cet orage,
Recueillons des debris de ſon piteux naufrage,
Cependant qu'il le peut, obligeons ſa bonté
D'exercer enuers nous ſa liberalité.
Fein moy pour cet effet vne humeur deſdaigneuſe,
Traite moy de meſpris ſon ardeur amoureuſe.
Ie laiſſe à ton eſprit la diſpoſition

Dont tu dois te seruir dans cette inuention.
Tu le verras bien-tost les yeux trempez de larmes
Par tous les plus beaux traits que possedent tes charmes,
Conjurer ta bonté, d'agreer qu'en effet
Il rende entierement ton esprit satisfait.
Il t'offrira ses biens, sa Ducale couronne,
Et tout ce qu'on estime en luy, hors sa personne.
Mais le voicy venir : ma sœur que mes aduis
Soient du moins cette fois heureusement suiuis.

SCENE II.

LE DVC D'ESPERNON, NANON.

LE DVC.

QVelle sera la fin de ma triste infortune,
En ce lieu malheureux où chacũ m'importune.
Tout le monde à l'enuy m'excroque de l'argent,
Bien que plus que les gueux ie me trouue indigent.
Ah ! que Bourdeaux me couste, & de bien & de larmes
Contre sa liberté pour auoir pris les armes :
Mais n'est-il pas content d'auoir tant trauaillé,
Que de tout mon honneur de m'auoir despoüillé,
De m'auoir mal-traité dans ses places publiques ?
Pourquoy poursuiure encor ses fureurs tyranniques.

Qu'il empesche, s'il veut, mon restablissement,
S'il n'obtient pas sur moy son desdommagement.
Pourtant que tout le monde, & le Ciel & la terre
En faueur de Bourdeaux me declarent la guerre;
Ie ne sçaurois iamais me croire malheureux
Tandis que ma Nanon agreera mes feux.

MANON.

Seigneur dedans l'excez d'vne telle disgrace
Vous ne deuriez songer qu'au mal qui vous menace:
Par tout vos ennemis vous môntrent tant de cœur
Qu'ils osent hautement vous attaquer sans peur,
Et la pluspart de ceux qui vous estoient fidelles
Vaincus par ce torrent trahissent vos querelles.
La suitte est dangereuse à toute extremité,
C'est vn grand ennemy que ce peuple irrité;
Pendant que vous songez à tromper vne fille
Il pense à ruïner vostre illustre famille.
Preuenez cette perte, & par vn beau dessein
R'allumez de noueau la guerre dans son sein.

LE DVC.

Ie me sens ennuyé d'oüir le bruit des armes,
Mars trouble mon esprit par ses rudes alarmes:
Et s'il me faut encor trouuer dans les combats,
Que ce soit parmy ceux qu'on fait entre les draps,
Où malgré ma grandeur i'oseray faire gloire
A ma chere Nanon de ceder la victoire.

NANON.

Grand Duc ſi vous, voulez cōme vn vaillant guer-
Voir enfin couronner voſtre front de laurier, (rier
Tâchez de tous coſtez à r'amaſſer des forces,
Attirez-les vers vous par des douces amorces:
Deſliez voſtre bource, & forcez vos ſoldats
Par vn ſi puiſſant charme à ne vous quitter pas.
Vous ſçauez que l'argent eſt le nerf de la guerre,
Et que ſans ſon ſecours Mars n'a point de tonnerre.
Pour moy dans cèt eſtat, Seigneur, ie me reſous,
Quoy qu'auec deſplaiſir, à m'eſloigner de vous,
Ma preſence pourroit arreſter la vengeance
Que de vos ennemis merite l'inſolence.

LE DVC.

Ie ſuis trop bon Chreſtien, ie leur ay pardonné.

NANON.

Quoy ce peuple inſenſé, ce bourgeois mutiné
Aura donc ſans reſpect attaqué voſtre Alteſſe:
Encor impunément ce qui le plus me bleſſe,
Sa mediſance aura mon honneur abbatu.

LE DVC.

Mais de neceſſité faiſons tous deux vertu,
Laiſſons ces Bourdelois qui ſçauent ſe deffendre,
Si ie leur fais du mal, ils viendront me le rendre:
Dans leur eſloignement ſi i'ay volé leurs biens,

Deuant mes propres yeux ils m'ont osté les miens :
N'auons nous pas assez de nos vielles querelles ,
Sans en vouloir bastir aujourd'huy de nouuelles.
Pendant deux ans entiers ils m'ont tant harassé
Que ie me suis instruit par le malheur passé :
A moins de trahison , auec tout mon courage
Ie n'ay iamais sur eux remporté d'auantage.
Laissons-les maintenant combattre par escrit,
La Reine me deffend , i'ay seduit son esprit ,
Elle ne peut sauuer les droits de sa couronne ,
Sans aussi puissamment proteger ma personne.
Et si le Cardinal triomphe de Rhetel
Ie suis au bout des vœux que peut faire vn mortel.
Mais quittons ce discours, cher objet de ma flâme,
Et parlons des ardeurs qui consument mon ame ;
L'amour que tes beaux yeux ont rendu mon vain-
queur ,
Iamais si puissamment n'a regné dans mon cœur :
Non, iamais ma Nanon ne me sembla si belle.
Tu t'acquiers chaque iour quelque beauté nouuelle,
Le temps qui destruit tout augmente tes attraits,
Et me rend enuers toy plus constant que iamais.

NANON.

Seigneur abandonnez cette cajollerie :
N'apprehendez-vous pas que tout le monde en rie,
Et si jusqu'à ce iour à vostre passion
I'osay sacrifier ma reputation :
Souffrez qu'à l'auenir ma faute ie repare.

SCENE III.

LE DVC SEVL.

Ah ! que de déplaisirs mon malheur me prepare,
Sous quel astre destins faut-il que ie sois né,
Tout le monde abandonne vn pauure infortuné.
La fortune me mit au plus haut de sa roüe
Pour me precipiter plus auant dans la boüe :
Lors que i'ay crû mõ sort estre vn peu plᵒ qu'humain
I'ay senti trois reuers de sa puissante main.
Souuenez-vous François, lors qu'à Fontarabie
Le demon m'inspira la detestable enuie,
D'abandonner vn Prince, & de trahir l'Estat
Afin de me venger d'vn illustre Prelat.
Que i'estois en tous lieux honoré dans la France,
Que i'auois le bon-heur d'estre dans l'alliance
De ce grand Cardinal, dont le zele & la foy
Firent en mille lieux triompher nostre Roy.
Mais afin d'euiter vn infame supplice,
Contre ma trahison qu'ordonnoit la Iustice ;
Ie quittay mon Païs, & parmy les Anglois
Ie desrobay ma teste à la rigueur des lois.
Pensez aux desespoirs qui suiuirent ma fuite,
En quelle extremité mon ame fut reduite :
Alors que ie me vis dans ce triste climat
Où ie n'estois traité qu'en criminel d'Estat,

Où i'estois obligé de souffrir mille outrages
Qui pourroient accabler des genereux courages.
Mais quelque temps apres ce Ministre mourut,
Et sa mort me permit d'esperer mon salut;
Alors i'osai songer à reuenir en France,
Et me iustifier, au moins en apparence:
Ce que i'obtins enfin assez injustement,
Mesme l'on me remit dans mon gouuernement.
Mais oubliant les maux qui me doiuent instruire,
A mon aueuglement ie me laissai conduire:
Ie voulus esprouuer tout ce qu'auec honneur
Vn peuple doit & peut souffrir d'vn gouuerneur,
Afin de desarmer ma naissante colere,
Bourdeaux fit au dela de ce qu'il deuoit faire;
Mais ses soins furent vains, ie ne pouuois l'aimer
Depuis qu'il craignit trop de se voir affamer,
Mais i'esprouue à la fin ce que peut la vengeance
De ceux, dont les tyrans lassent la patience.
Vn peuple mutiné m'a bani de ce lieu
Où i'estois honoré comme vn vray demi-dieu.
Des subjets ont chassé leur Seigneur de sa terre,
Seigneur qui sors du sang des Princes d'Angleterre.
En depit de l'excez de ces diuers malheurs,
Mes yeux auoient raison de retenir mes pleurs,
Tandis que ma Nanon, cette rare Princesse,
Vouloit par sa bonté consoler ma tristesse.
Ie me croyois toûjours bien plus heureux qu'vn Roy,
Tandis que cette belle estoit auprés de moy:
Et quoy que mon exil me tienne lieu d'injure,

Il m'estoit pourtant cher en cette conjoncture.
Mon malheur en ce point secondoit mon desir,
Puis qu'il me permettoit auec plus de loisir
D'entretenir l'objet de ma flâme amoureuse:
Mais helas maintenãt cette humeur desdaigneuse,
Qui veut doresnauant renoncer à me voir,
Me jette dans l'estat d'vn cruel desespoir.

SCENE IV.

LE DVC D'ESPERNON, SAINCT QVENTIN.

LE DVC.

AImable confident de toutes mes pensées,
Qui dans l'extremité de mes douleurs passées
As esté de mes maux l'vnique reconfort,
Partageant auec moy les rigueurs de mon sort?
Lis-tu dessus mon front la disgrace nouuelle
Qui frappe mon esprit d'vne atteinte mortelle.

St. QVENTIN.

Pourquoy vous laissez vous au mal tant emporter,
C'est vainement, Seigneur, ses forces irriter,
Et rendre contre vous son effort inuincible,
Que de rendre à ses coups vostre cœur si sensible.

Ils ne peuuent sur nous que ce que nous voulons,
Ou peu, lors qu'en effet nous le dissimulons :
La fortune aujourd'huy qui vous est si contraire,
Comme dans vn moment elle a peu vous defaire,
Peut vous donner les biens que vous auez perdus,
Et rendre de Bourdeaux les desseins confondus.
Quand mesme vous seriez descheu de l'esperance
De recouurer iamais vostre esclat dans la France,
Vous deuriez en public mespriser vos malheurs
Pour à vos ennemis cacher vos tristes pleurs :
Ils ioüiront tousiours d'vne joye imparfaite
Tandis que vous tiendrez vostre douleur secrete.
Si vostre déplaisir à leurs yeux se fait voir
Par les ressentimens de vostre desespoir,
Ils vous croiront sans doute accablé sans resource.

LE DVC.

Ce n'est pas de mes pleurs la veritable source,
Ce n'est pas le sujet de mes soûpirs noueaux
Que de voir triompher les bourgeois de Bourdeaux.
Depuis le iour fatal, que pour ma tyrannie
Ils eurent de leurs murs mon Altesse banie,
I'ay reçeu si souuent de pareils traittemens,
Que ie suis endurci dans ces euenemens.
De mon gouuernement si le Prince me chasse
N'ay ie pas merité cette estrange disgrace :
Encore mon esprit se console en ce point
Que ie perds vn hõneur que i'ay deu n'auoir point.
Si l'aueugle fortune esleua mon Altesse,

Souffrons que d'vn grand Roy la justice l'abbaisse ;
Ce n'est qu'vne beauté, dont l'objet m'est trop cher
Qui fait ce desespoir que ie ne puis cacher.
Et si tu ne la rends à mes vœux fauorable,
Aujourd'huy ie succombe au malheur qui m'acable.
Ah! tres-belle Nanon, que ton depart soudain
M'a mis cruellement le poignard dans le sein.

St. QVENTIN.

Est-ce tout le subject qui vostre esprit afflige,
Reposez-vous sur moy, Grand Prince ie m'oblige
A vaincre en vn peu de temps cette iniuste fierté.

LE DVC.

Et c'est ce que i'attends de ta fidelité:
Employe-y tous les soins de toute ton estude,
Va trauailler pour moy, mais auec promptitude,
Pour mieux venir à bout de cet esprit changeant
Offre luy de ma part ma bource & mon argent.
Ie consens à souffrir les plus grandes disgraces ;
Que Bourdeaux reüssisse en toutes ses menaces,
Que ie perde en vn mot & les biens, & l'honneur
I oserai croire encor auoir trop de bon-heur,
Si tu peux obliger cette humeur desdaigneuse
A respondre aux ardeurs de ma flâme amoureuse.
Va doncques, ie ne puis t'arrester plus long-temps
Pour ne pas differer la grace que i'attends.

SCENE V.

St. QVENTIN seul.

LE destin aujourd'huy ne m'est pas si contraire,
Que ie ne puisse enfin aisement satisfaire
A ce que i'ay promis pour flater Marion,
Beauté dont les faueurs sont mon ambition.
Ie ne sçauois cõment luy donner quelques nippes,
Mais il faut en ce point mon esprit que tu pipes;
Car tu sçais qu'en effect ce fol de Gouuerneur
Est de tous les mortels le plus grãd lezineur: (quine
Qu'il tondroit sur vn œuf, que cette humeur mes-
A fait honteusement refroidir sa cuisine.
Il croit que nous deuons exposer nostre bien
Pour môntrer nostre zele à conseruer le sien;
Mais l'amour a touché si puissamment son ame
Qu'il s'acrifira tout à l'ardeur de sa flâme.
Consultons Marion sur ce nouueau subjet,
Mais voicy cet aimable & si charmant objet.

SCENE VI.

MARION ET St. QVENTIN.

MARION.

TV ne veux doncques pas acquiter tes promesses!
Crois-tu que sans argent ie souffre tes caresses?

Penses-tu sainct Quentin me pouuoir gouuerner
En promettant toûjours, mais sans rien me donner.
Tu sçais que mon humeur n'est pas d'estre excro-
queuse,
Pourtant ce me doit estre vne chose honteuse
Que de ne sçauoir pas viure de mon mestier.

St. QVENTIN.

Non, belle Marion, mon esprit tout entier
S'occupe incessamment à chercher quelque ruse,
Pour ne te payer pas d'vne friuole excuse. (reux,
La fortune aujourd'huy qui me veut rendre heu-
Me presente vn moyen fauorable à mes vœux :
Ta charmante Nanon par ses douces paroles
A mis en tel estat nostre Prince de soles,
Qu'il est dans le panchant d'vn desespoir fatal
Si ta sœur continuë à le traiter si mal.
Il ne se fâche plus qu'vne ville ennemie
Perseuere à couurir sa maison d'infamie :
Qu'elle poursuit toûjours ce dessein à la Cour,
Sa bouche ne se plaint que de son seul amour,
En cette occasion il n'est rien qu'il ne face
Si Nanon veut enfin le receuoir en grace ;
L'amour si puissamment triomphe de son cœur,
Qu'il ne peut plus songer qu'à fléchir sa rigueur,
Et pour auec la belle aisement le remettre
I'ay charge de la voir, & de luy tout promettre !
Connois tu qu'en ce lieu i'ay dequoy profiter
Pour pouuoir enuers toy ma promesse acquiter.

MARION.

Cher-amy ce dessein est sorti de ma teste, (beste.
Pour prendre ainsi le Duc, ce vieux galand pour
Et c'est par mon conseil que Nanon a traité
Ce fol de gouuerneur auecque cruauté;
Puis que le sort a fait reüssir cette ruse
Ta volonté me tient cette fois lieu d'excuse.
Va-t'en trouuer le Duc, flatte-le dans ses vœux,
Et dis-luy que Nanon est sensible à ses feux:
Pour ne retomber plus dans la mesme indigence
De sa bource tirons du sang en abondance.
Ne croy pas neantmoins que tu puisses tousiours
Payer ta Marion d'vn semblable secours:
Ie ne suis aujourd'huy qu'à moy-mesme obligée,
Et ta parole n'est que par moy dégagée.
Ainsi donc reconnoy dans des moments heureux
Cette obligation par tes soins amoureux.
Ne souffre point chez-toy quelque flâme nouuelle,
Si tu n'és liberal, sois moy du moint fidelle.

STANCES Gasconnes.

LEs persounes que soun naichudes
Per esta foles à iamei,
Soun en tous locs tant counichudes
Que nou poden pas l'esta mei.

Qu'aquet qu'es galous que ſe gratte;
Mes per exemple bei Bernat,
Auprez d'vne folle gouyatte
Que gauze encare fa lou fat.
  Conſidere m'aquet biſatge,
Lous replics d'aquet front ridat?
Pod l'on beire vn ſi bilain gatge,
Qu'es aquet bilain esbarbat.
Mais encare auprez d'vne pute
Et boudré fa d'au bet gouyat:
Nanon à la fin s'en rebute,
Parce que bey qu'et es creſtat.
  As tu bis qu'a quittat les armes
Per boulê fa de l'amouroux:
Nanon que bau beire ſes larmes
S'es miſe contr' et en courroux.
Ere ſab per experience
Qu'acos toute l'humiditat,
Qu'abec baucop de patience
L'on pod tira d'aquet pelat.
  Et boulut fa d'au Capitaine,
Mais et mouſtrer qu'ere vn poultron,
L'on counichut qu'et ere vn aine
Que ne fai iamei re de bon.
Et es plus generoux que quatre
Quan et ſe trobe tout ſoulet,
Mais c'es queſtion de ſe battre
Et tremble lors coume vn poulet.
  Quan et bit lou Caſtet Troumpete

Assiegeat per lous de Bourdeu,
Iamei soun innocente brete
Ne se tiret de soun fourreu.
A l'ataque de la Bastide,
Quan vn souldat ly demandet
Si boulê ly serbi de guide.
Et plourabe coume vn bedet.
Enfin aquet bilain infame,
Dens l'amou es et plus heurous?
Pot et n'estan home ny fame
Se meila de fa l'amourous.
Nanon es enfin anujade
Que degun ne la satisfei,
Ele a hounte d'esta pagade
De la besougne qu'et l'y fei.
Bos me creire bere Ageneze,
Delibre te d'aquet penard,
Appren qu'acos vne fadeze
Quan vne fille aime vn biellard.
Retourne t'en dens la Gascougne,
Ben t'y resiouy tout à boun.
Ton bisatge à prou boune trougne
Per attrapa quauque fripoun.

Fin du premier Acte.

ACTE II.

SCENE PREMIERE,

St. QVENTIN Monstrant vne bource à Marion.

MARION, NANON.

St. QVENTIN.

Voy tu bien ce que c'est, c'est le Duc d'Espernon
Qui gagne ainsi le cœur de sa chere Nanon.

MARION.

De l'argent ah! ma sœur il faut que ie confesse
Que tu te sçais conduire auecque trop d'adresse.
Ouy, tu vaux tout vn monde, & ie puis te jurer
Que rien à ton esprit ne se peut comparer.
Approche toy Nanon, souffre que ie t'embrasse,
Mais il faut reconnoistre vne si grande grace:
Il faut plaire à ce Duc, pour ce reel bien-fait
Souffre de son amour l'imaginaire effet.

NANON.

Ce Duc, comme tu vois, n'a pas l'humeur mesquine

A cette extremité qu'vn chacun s'imagine :
Lors que dans le malheur quelqu'vn tombe aujourd'huy
Tout le monde s'attache à mesdire de luy.
Les ennemis sans crainte attaquent sa personne,
L'indifferent en rit, & l'amy l'abandonne,
La fortune eut tousiours vn visage changeant,
Mais cette bource enfin,

MARION.

Partageons-en l'argent.

NANON.

Tu te mocques de moy, quoy? qu'ainsi ie m'engage
D'vn bien qui m'appartient à souffrir le partage:
En vn mot ce present est tout entier pour moy,
Et i'en veux disposer.

MARION.

Cét argent est à toy,
Tu te trompes ma sœur, tréue de raillerie,
Ie ne sçaurois souffrir sur ce point que l'on rie.

MANON.

Ne l'ay-ie pas gagné.

MARION.

Va c'est trop barguigné,
D'où tiens tu le moyen par qui tu l'as gagné?

N'ay-ie pas en effet esté l'entremeteuse
Qui bastis sçauãment ton intrigue amoureuse?
N'ay ie pas esleué cette inclination
Qui donne à ton esprit tant de presomption.
Et quand quelque querelle a diuisé vos ames?
N'ay-ie pas r'allumé les ardeurs de vos flâmes?
N'ay-ie pas par adresse estouffé les discords
De vos feux muttuels qui rompoient les accords.
Mesme apres les effets de ces grands auantages,
Ta rigueur de ce iour est vn de mes ouurages.
Mais encor,

NANON.

Ce discours n'est pas bien de saison,
Ie veux que ton esprit se rende à la raison:
A tes soins Marion ie veux estre obligée,
A la reconnoissance estre encor engagée!
Ne t'ay ie pas donné tout ce que ie t'ay deu,
Tu n'as rien auec moy iusques icy perdu.
C'est encor en ce point vne chose certaine
Que tu te fais payer doublement de ta peine:
Le Duc sans exercer sa liberalité
S'oseroit-il seruir de ta fidelité:
Et c'est sur ce subjet ce qui beaucoup m'estonne,
Tu ne me fais point part des presens qu'il te donne,
Et tu veux en auoir dans ceux dont à son tour
Nostre cher gouuerneur entretient mon amour.
Si ton cœur se rendoit à luy mesme iustice
Il n'aprouueroit point ton extreme auarice!

Partage-ie apres tout tes plaisirs auec toy
Pour vouloir partager mon argent auec moy.

St. QVENTIN.

Il est vray Marion, il n'est point d'apparence
Où vous puißiez fonder vostre iniuste esperance.
Les seuls yeux de Nanon ont allumé les feux,
Qui rendent liberal nostre Duc amoureux;
Sans vous absolument leur amour se peut faire,
Dont vous n'estes enfin qu'vne cause estrangere,
Mais pourtant Nanon a l'esprit tant obligeant
Qu'elle nous faira part de ce nouuel argent.

MARION.

Ne te suffit-il pas qu'apres tant de promesses
Encor sans payement ie souffre tes caresses,
Et depuis la longueur du temps que tu me sers,
Que tu m'ayes excroquée en mille endroits diuers.
Si ton esprit tousiours à mon espoir s'opose,
Puis-ie de tes bontez esperer quelque chose!
Comment me faira part vn homme de son bien,
Qui m'enuie encor ceux qui ne luy coustent rien.

St. QVENTIN.

Il est vray Marion, ce reproche est sensible,
Mais qui peut m'obliger à faire l'impossible.

MARION.

Quoy doncques S. Quentin te puis-ie pardonner,

De me tenir lieu d'vn, qui pourroit me donner.

St. QVENTIN.

Cher objet de mes vœux appaise ta colere,
A la fin i'ay trouué dequoy te satisfaire.
Tu sçais bien que pendant les guerres de Bourdeaux
Que tous ceux qui du Duc suiuirent les drapeaux,
A l'imitation de nostre nouueau Prince
Pillerent les maisons de toute vne Prouince,
Et parmi les voleurs de ces lâches guerriers
Tu sçais que St. Quentin ne fut pas des derniers:
Ie me defairai donc de mille bagatelles
Afin de t'obliger à finir tes querelles.
Mais de tous ces larcins, ainsi que tu l'entends,
Pour faire de l'argent il faut vn peu de temps,
I'espere en attendant que Nanon nous en donne.
Pour nous en refuser ie croy qu'elle est trop bonne.
Nous perdons cependant de nostre souuenir
Qu'en deux ou trois momens le Duc deuoit venir:
Quittons donc ce discours, car ie croy qu'il est iuste
Que pour le receuoir nostre Nanon s'aiuste.

SCENE II.

LE DVC D'ESPERNON, MARION.

LE DVC.

H*E bien cher St. Quentin comment vont mes amours.*

St. QVENTIN.

Seigneur c'est aujourd'huy le plus beau de vos iours,
Vostre fortune enfin se trouue sans égale :
Et sçachez qu'en effet vostre humeur liberale
A tellement charmé vostre belle Nanon
Qu'elle ne se souuient que de vostre seul nom.

MARION.

Grand Prince quelque fois l'excez d'vne fortune,
Lors que nous la voyons estre plus que commune,
Attire des succez d'autant plus rigoureux,
Que leur retour surprẽd ceux qui sõt trop heureux:
Vous rendez de Nanon la fortune si grande,
Qu'auec iuste subjet son esprit apprehende
Que le sort ne renuerse à la fin son bon-heur.

LE DVC.

I'exposerai pour elle & les biens & l'honneur,
Et de quelque accident que sa peur s'entretienne
La perte de Nanon entraisnera la mienne.
Mais c'est perdre le temps en discours superflus.

MARION.

Excusez son humeur,

LE DVC.

Il ne m'en souuient plus.
Ta crainte par hazard m'en a fait voir la cause,

Le destin enuieux dont la rigueur s'oppose
A ce que nous goustions vn pur contentement
A fait que ma Nanon m'a traitté rudement.
Nous ignorions encor le subjet de la joye,
Qu'en ce moment le Ciel heureusement m'enuoye
Pour dans tous mes estats me voir soudain remis
Où ie me vengerai de mes fiers ennemis.
Peut-estre Marion ne sçait pas l'auantage
Qui m'oblige à ioüer ce noueau personnage:
Ce grand Ministre à qui nous deuons vn Autel,
Nostre ami Mazarin est entré dans Rhetel.
Ce sage, ce vaillant, cet heureux Capitaine
A deffait le secours du genereux Turene.
Ce ne sont pas François vos interests qui font
La satisfaction que l'on lit sur mon front,
Et les maux & les biens qui viēnent dans la Frãce
Me sont également dedans l'indifference.
Ce n'est que la valeur de ce braue estranger
Qui m'ouure le moyen de me pouuoir venger,
Et malgré les rigueurs qu'ordonnoit la justice
Qui m'a sçeu garantir d'vn infame supplice,
Qui contre mon espoir dans cet heureux moment
Compose le sujet de mon rauissement.
Il faloit qu'aujourd'huy cette heureuse nouuelle
Traisnat par ta raison son malheur auec elle:
Ainsi donc Marion la rigueur de ta sœur
A d'vn trop grand bon-heur temperé la douceur:
Il est vray que iamais vn malheur deplorable
N'a porté dans mon cœur vne douleur semblable

A celle qui tantost a suiui mon rebut.

MARION.

Vous me deuez mon Prince vn eternel tribut ;
I'ay fait changer ce cœur , qui par vne humeur sote
Alloit porter Nanon à faire la bigote.
Mon adresse, grand Duc, a vaincu cet esprit
De tous ses beaux desseins qui maintenant se rit,
Les maux , les déplaisirs , les soûpirs & les larmes
Dans le bon-heur qui suit font trouuer plus de charmes.
Ceux qui dessus la mer sont traisnez par leur sort
Goustent mieux le plaisir d'estre arriuez au port ,
Apres que les efforts d'vn horrible tempeste
Par des cruels assauts ont menacé leur teste.

LE DVC

Et c'est dans mon malheur ce qui m'a consolé,
Mais aussi par le mal on peut estre accablé.
Mais voicy Nanon.

SCENE III.

LE DVC NANON.

LE DVC

O beauté sans pareille,
Cher objet de mes vœux , adorable merueille,

Qui

Qui chez moy rends l'amour vn si puissant vainqueur?
Pourquoy ne puis ie à nud te faire voir mon cœur,
Tu reconnoistrois là tes beautez animées
Par des burins de feu viuement imprimées:
Et lors ne doutant plus de ma fidelité
Tu banirois pour moy ta fiere cruauté.

NANON.

Seigneur ce compliment & me choque & me flate?
Croyez vous que ie sois capable d'estre ingrate
Si ie vous ay marqué quelque peu de froideur,
Ce n'est pas que mon cœur n'eust pour vous cette ardeur,
Par qui vostre Nanon, vostre chere maistresse
Doit respondre à l'amour qu'à pour moy vostre Altesse:
Non, ie n'ay de plaisir ny plus grand ny plus doux
Que lors que vous voulés me souffrir prés de vous.

LE DVC.

O bonté sans egale, ô parole charmante,
Lors que Nanon le veut elle est trop obligeante.
O que ce peu de mots, s'ils partent de ton cœur,
Sçauent suffisamment reparer ta rigueur.

NANON.

Ce doute est vn affront qui viuement me touche,
Mon cœur ne demẽt point ce qui sort de ma bouche.

Non, non ie n'eus iamais dessein de vous fâcher,
Ie creus trop seulement vostre esprit attacher,
Considerant alors ce que i'auois à faire
Ie pensai comme il-est en effet necessaire,
Qu'il faloit pour vn temps m'esloigner de vos yeux
Pour à vos interests vous laisser penser mieux :
Qu'ainsi vous trouueriez mille moyens faciles
Pour rendre de Bourdeaux les efforts inutiles,
Et ie sacrifiai par inclination
A vostre propre bien ma satisfaction.
I'aimai mieux me resoudre à souffrir vostre absẽce,
Qu'à vous voir empeché d'agir en ma presence.

LE DVC.

Que si le Ciel n'est pas satisfait des malheurs
Qui viẽnent de mes yeux d'arracher tãt de pleurs,
I'oserai malgré luy consentir qu'il s'appreste
A lancer de nouueau ses foudres sur ma teste ;
Qu'il m'oste tous mes biens, m'ayant osté l'hõneur,
S'il me laisse apres tout posseder le bon-heur.
Que ma Nanon agree & mes vœux & ma flâme
Iamais nul deplaisir n'accablera mon ame :
Et ie sacrifi'rai dans cette occasion
Aux douceurs de l'amour ma reputation ;
Deuant que me resoudre à souffrir ton absence
I'aimerois mieux perir auec toute la France.

NANON.

Vne obligation qui peut couster si cher

Iamais du souuenir ne se doit arracher.
Et quoy que vos bien-faits seruent à me confondre
Ie tâcherai pourtant auec soin d'y répondre.

SCENE IV.

LE CARDINAL MAZARIN, LE DVC D'ESPERNON, NANON.

LE MAZARIN.

ENfin malgré l'effort de tous vos ennemis
Dans vos premiers estats vous vous verrez remis.
Bourdeaux à beau crier, & demander iustice
Il luy faut sans replique aualer ce calice,
Et le gouuernement que vous auez perdu
Par mon authorité vous doit estre rendu?
Qu'en dites vous la belle.

NANON.

Ouy Seigneur il est iuste
Que vous fassiez valoir vostre pouuoir auguste!
He quoy souffrirez vous qu'vn peuple reuolté,
Qui dans ses propres murs vous a si mal traité,
Triomphat aujourd'huy par sa propre insolence
D'vn Ministre d'Estat qui reuere la France.

LE DVC.

Ie l'auoüe, il est vray, que l'honneur de l'Estat
Veut qu'on me restablisse en mon premier éclat;
Comme de vos bontez i'osai me le promettre,
Mais vous ne sçauriez pas aisement m'y remettre.
Ce peuple est contre moy tellement animé
Que soudain contre nous vous le verrez armé:
Ils seront satisfaits qu'on batte leurs murailles,
Qu'on couure leurs remparts de mille funerailles,
Plustost que de souffrir qu'en mon gouuernement
Ie r'entre à l'auenir par leur consentement.

LE MAZARIN.

Croyez-vous que ce peuple ait l'humeur si mutine
Qu'à se perdre à credit follement il s'obstine.
Il sçaura reuerer l'authorité du Roy
Maintenant que mon nom les remplira d'effroy:
Apres que i'ay deffait l'inuincible Turene
Les autres ennemis me donnent peu de peine;
Et puis que la reuolte a perdu cet appuy
Ces genereux bourgeois trembleront aujourd'huy?
Ignorez-vous encor de quel noble auantage
La fortune a daigné seconder mon courage;
Mais de pareils bon-heurs ne se peuuent celer,
Et plus un heur est grand, plus on veut en parler.
Ayant deuant Bourdeaux perdu toute ma gloire,
Quand sur moy cette ville emporta la victoire,
A l'exemple honteux de ce peuple mutin

Tout le monde braua mon malheureux destin.
Nul n'ayant dans la France aimé mon Eminence,
Chacun apres ce coup mesprisa ma puissance:
Ie fus le triste objet dedans tous les esprits
De la haine publique, & du commun mespris.
Alors pour recouurer ma dignité premiere
Ie voulus tesmoigner vne valeur guerriere:
I'armai pour recouurer le païs à l'Estat
Que i'auois consenti que l'estranger gagnat,
Et dans deux mois d'hiuer ie repris sur l'Espagne
Ce qu'elle auoit conquis dans toute vne campagne.
Et pour combler mon nom d'vn honneur immortel
Ie crus qu'il me faloit faire assieger Rhetel:
Et par ce que Turene auoit assez d'audace
Pour jetter malgré moy du secours dans la place,
Mon cœur se resolut de preuenir ce mal,
Et contre mon humeur ie deuins liberal.
Ie donnai de l'argent, & cette douce amorce
Prit ce qu'en vain mon bras eut tenté par la force.
Mais la Tour ignorant que Rhetel fut rendu
Venoit pour secourir vn lieu deja perdu.
Le Conseil fut d'auis qu'on ne pouuoit mieux faire
Que de donner bataille à ce grand aduersaire,
Qu'estans plus forts que luy nous vaincrions aise-
ment,
Et qu'ainsi nostre hõneur s'accroistroit doublement.
Le Ciel dont le secours iamais ne m'abandonne,
Et qui sçait puissamment proteger ma personne,
Voulut que de mon corps la goutte s'emparat

Afin de m'esloigner de ce sanglant combat;
Ou pour ne mentir pas ie trouuai cette ruse
Qui pourroit enuers tous me tenir lieu d'excuse,
Et sauuer mon honneur dans l'esprit des soldats
Si parmi ce peril ie ne me trouuois pas.

LE DVC.

Ainsi, grand Cardinal, sçait agir la prudence
Qui ne se picque pas d'vn vain nom de vaillance,
Et moy mesme auec vous i'en sçeus vser ainsi,
Ce qui contre Bourdeaux m'a tres-bien reüssi;
Car il peut arriuer qu'vn coquin nous assomme,
C'est assez d'vn malheur pour perdre vn honeste homme;
Mais encor le courage est si souuent trompeur
Qu'on fait bien de se mettre à couuert de la peur.

LE MAZARIN.

Il n'apartient qu'à ceux que la vie importune,
Et qui n'ont pas encor acheué leur fortune,
En ces occasions de chercher les hazards
Pour cueillir de l'honneur parmi les châps de Mars.
Ainsi ie m'esloigné d'vne entiere iournée
De la place au combat par nos gens destinée,
Et quoy que nos soldats eussent eu du malheur
Du danger de perir ie sauuai ma valeur:
La fortune pourtant nous donna cette gloire
Qu'à la fin le François emporta la victoire.
L'ennemy sur le lieu malgré tous ses efforts

Laissa tout son bagage auec cinq mille morts;
De nos meilleurs guerriers le genereux courage
Achepta par son sang cet illustre auantage.
Ie vous ay grands Heros cette obligation
Que vostre mort remet ma reputation:
Apres quoy ie croirai qu'il n'est point d'apparence
Que tous mes ennemis ne tremblent dãs la France.
Et tandis qu'il est chaud si ie bats bien le fer
De la Fronde aujourd'huy nous pourrõs triompher.
Assemblons le conseil pour voir ce qu'il faut faire.

LE DVC.

Et toy chere beauté que ton cœur delibere,
Comment en cet estat nous nous pourrons venger
De ceux de qui la langue osa nous outrager.

SCENE V.

NANON, MARION, ET LES NIEPCES DV MAZARIN.

VNE DES NIEPCES.

ENfin nostre bon-heur surpasse l'esperance
Que nous osions auoir de regner dans la France:
Tous ces Princes à qui la grandeur de leur rang
Faisoit honteusement mespriser nostre sang,
Et qui des-approuuoient ces nobles hymenées

Ou par le Cardinal nous estions destinees:
Viendront doresnauant se presenter à nous
Et seront à l'enuy de cet honneur jaloux.
Le genereux Beaufort loin de blâmer son frere
Luy mesme approuuera les desseins de son pere,
Et si dans cet estat nous le voulons souffrir
Pour l'vne de vous deux nous le verrons mourir.
Mais peut-on oublier tous ses premiers caprices
Pour apres tant de maux agreer ses seruices.

VNE AVTRE NIEPCE.

Perdons le souuenir de ce qui s'est passé,
Son repentir rendra tout son crime effacé.

VNE NIEPCE.

Pourra-t'on se fier à cette ame hautaine,
Dont l'humeur à nostre Oncle a dõné tant de peine.
Cet esprit remuant, pour choquer sa grandeur
Sans cesse s'est jetté dans le parti Frondeur,
Et poursuiuant tousiours ses trames criminelles
Il n'a iamais cessé d'appuyer les rebelles.

VNE NIEPCE.

Accordons quelque chose à son ressentiment,
Il s'estoit veu traiter assez indignement.

NANON.

Pour moy ie jugerois qu'il seroit necessaire
De chercher les moyens de pouuoir s'en deffaire:

Connoissant

Connoissant cét esprit ie ne croirai iamais
Qu'il puisse consentir à nous laisser en paix :
Il est de tous nos maux la source veritable,
Et du malheur du Duc la cause deplorable.
Deffaisons-nous du chef, nos autres ennemis,
A nos discretions seront bien-tost soubsmis.

VNE NIEPCE.

Suiuons les mouuemens du destin qui nous pousse,
Esprouuons en effet que la vengance est douce;
Lorsque nous aurons mis nos ennemis à bas,
Nul contre nos desseins ne rendra des combats.
Les plus grandes maisons qui soient dedans la France,
Rechercheront alors nostre noble alliance :
Et pour plus fortement obliger nos esprits
A vanger nostre honneur de ce honteux mépris,
Que quelques malheureux ont fait de nos persõnes,
Que le Ciel predestine à porter des couronnes :
Dans nôtre souuenir repassons les affronts
Dont ces fols si souuent ont fait rougir nos fronts.

NANON.

Ces diables d'Agenois, ces langues medisantes
M'ont fait iusques icy cent pieces insolentes,
Mesme apres les discours fussent venus les coups,
Ils eussent accablé ma teste de cailloux,
Si nôtre Gouuerneur ne m'eust seruy d'asile :
Ils m'ont voulu chasser mille fois de leur ville.

Auec qu'elle infamie ay-i'en ce lieu vescu,
Ils m'ont honteusement coupé la robe au cu:
Ils me nomment tout haut la garce d'vn vieux
cancre,
Ils ont cassé sur moy quelques phioles d'ancre.

MARION.

En cette occasion vous aués ce bon-heur
Que de leurs vains discours vous tirez de l'hon-
neur.
Si nous sommes putains (comme on peut le connoi-
stre:)
Vous sçauez bien Nanon que vous l'estes du Mai-
stre,
Au lieu que Marion est celle du valet.

NANON.

Leurs mains cent fois de bouë ont salli mon colet.

VNE NIEPCE.

Au lieu d'vn Cardinal de respecter les Nieces,
Tout Paris dit de nous, voilà de belles pieces,
N'ont elles pas le nez bien fait & bien tourné
Pour voir à leur hymen vn Prince destiné:
Ce Ministre d'Estat auoit trop de folie
Alors qu'il fit venir ces garces d'Italie,
Souffrirez-vous François qu'enfin ce violon?
Allie au Sang Royal le sang d'vn postillon.

MANON.

Ils ont ces Agenois, ces infames belistres

Chié deuant ma porte, & puis cassé mes vitres.
De son gouuernement quand le Duc fut bani,
Leur satisfaction alla dans l'infini.
Alors ces effrontez pisserent dans mes poches,
Pour parfumer du Duc les moustaches à Loches.

MARION.

Ces monstres de l'enfer, ces malheureux esprits,
Ainsi que depuis peu ie l'ai moy-mesme appris,
Nous ont honteusement dans Agen outragées:
Car enfin sur la porte où nous estions logées,
Ils ont escrit, Maison ou Bordel à loüer.

VNE DES NIEPCES.

A ces peuples mutins il fait mal se ioüer:
Mais si tous les François ont pour nous tant de rage,
Les vaillants Bourdelois ont enflé leur courage.
Nostre oncle dans leurs murs se vit si mal traiter,
Que nul homme d'honneur ne l'y fut visiter:
Tous les commandemens que leur fit nostre Reyne
Ne peurent rien gaigner sur leur humeur hautaine
Ils ont traitté nostre oncle, & le Duc en coquins,
Ils en ont fait cent fois des infames faquins:
Leurs grandeurs à ce point sont par eux méprisées,
Que leurs noms sont l'objet des publiques risées.
Remettons donc le Duc dans son gouuernement,
Que ce grand homme enfin ait le contentement
Sur ce peuple insencé d'assouuir sa vengeance,
Sans qu'aucun ait le cœur de se mettre en deffence.

Regardons les moyens que nous deuons tenir
Afin de nous venger, & pour bien les punir:
Perdons en premier lieu cette Cour souueraine
Qui nous a fait souffrir tant de honte & de peine:
Nous remettrons ainsi l'authorité des Roys,
Supprimant ce qui peut s'opposer à leurs loix:
En cette occasion que sans misericorde,
Les illustres Frondeurs perissent par la corde;
Que ceux que par hazard à vaincu ce torrent,
A cause qu'en effet leur forfait est moins grand,
Et que leur action est pourtant criminelle,
Finissent auec eux d'vne mort moins cruelle:
Que ceux aussi de qui le cœur a consenty,
A sortir de la ville & quitter son party,
Perdent honteusement leur malheureuse vie,
Ie crains tout de celuy qui trahit sa patrie.
Qu'en suite de Bourdeaux les murs soient démolis,
Et tous ses habitans ensemble ensevelis
Soubs le triste debris de leurs propres murailles,
Et nous mesmes portons le fer dans leurs entrailles.

MARION.

Sauuons-en quelques-vns qui sentēt leur malheur

VNE NIEPCE.

Ils pourroient contre nous r'appeller leur valeur:
En cette conioncture il ne vous faut point feindre,
Que plus d'ennemis morts, moins nous aurons à
craindre.

Pour les Parisiens il est trop dangereux
D'executer contr'eux des arrests rigoureux:
Leur nombre est trop puissant, & cette grande ville
Pourroit rendre aisément ce dessein inutile,
Si les bourgeois prenoient les armes par hazart.
Punissons-en quelqu'vn neantmoins à l'écart.

NANON.

Mais pour des Agenois chastier l'insolence,
Prenons sur ces mutins vne entiere vengeance:
Que le sang dans leurs murs coule de toutes pars:
Assommons tout, enfans, hõmes, femmes, vieillars.
Mettons la ville en feu, qu'à la fin rien n'y reste
Que de nôtre courroux vne marque funeste:
Et pour porter encor plus auant nos efforts,
Vengeons nous, s'il se peut, sur les cendres des morts.

MARION.

Et parce qu'il est vray que par toute la France
Tout le monde de nous parle auec medisance:
Que les femmes par tout nous nommẽt des putains;
Faisons rouler par tout des soldats inhumains,
Qu'ils forcent en tous lieux les femmes & les filles,
Que ce des-honneur entre en toutes les familles:
Afin que n'y restant nulle femme de bien,
Nôtre sexe aujourd'huy ne nous reproche rien.

VNE NIEPCE.

Aprés les grands effets d'vne iuste colere,

Il faut que nôtre esprit songe à nous satisfaire :
L'amour qui de tout temps a regné dans mon cœur,
Me brûle tellement pour le Duc de Mercœur,
Que ie veux voir venir cette heureuse iournée,
Où nous accomplirons nôtre illustre hymenée.

VNE AVTRE NIEPCE.

Au grand Duc de Beaufort ie voudrois me donner,
Si mon oncle aujourd'huy luy pouuoit pardonner.

VNE AVTRE NIEPCE.

Moy sans vouloir pretendre à la Maison Royalle,
Ie me contenteray du Seigneur de Candale.

NANON.

Et pour moy ie pretends que le Duc d'Espernon
Renonce à son hymen pour épouser Nanon.
Mes flames si long-temps ont passé pour des crimes
Qu'elles veulent enfin deuenir legitimes.

MARION.

Ie n'enuïrai iamais l'heur de vostre destin,
Si le Duc me marie auecque St. Quentin :
Mais s'il entre iamais dedans nôtre alliance,
Ie veux que ce galand soit Duc & Pair de France.

STANCES Gasconnes.

TEté hillet ſcabes tu qu'et y a:
As tu prins garde en d'aquelles cinq gaupes,
Dont lous abis nous boudren enbia,
La corde au cod au païs de les taupes.
Songen à nous, et fei mau ſe fida,
A d'aus eſprits que bolent tout tuda.

Contre leur rage anen nous prepara,
La patience es vne cauſe ſotte:
Sçache que res ne ſe pot compara
A la furou de la race Coudote:
Quand per ſa faute vn praube hōme es perdut,
Lou monde ri de lou beire pendut.

As tu pris garde en d'aquet Cardinau,
L'as tu bis dige me que t'en ſemble:
N'es pas & bien vn nies d'originau,
Et es et fat, et meſchan tout enſemble:
Mais et es fou quand & crei tout a bon,
Que lous Francez deben craigne vn poltron.

Que ſi Bernad m'a feit rire touſiours,
Iou nou ſçauri m'empecha de lou plagne,
Quand et ſe plaing de ſous triſtes amours,
Et que ſous œils de ſes larmes et bagne,
Acos pietat de beire ſouſpira,
Aquet biellard que nous fei que ploura.

Enfin pertan iou nou ſçauri ſouffri
Qu'vn homme ſie amouroux à ſon âge:
Saint Mathurin ne lou ſçauré guari,
Et es trop fou per podé beni ſage.
Apres a quo qui ly pot pardonna,
Qu'vn tal eſprit nous beüille gouberna.
Peuple Francez et faudré ſe deſſa
Daquets tyrans dont lou co nous menace.
Au pis ana ſçabes-tu qu'et faut fa,
Et nous faudré leur donna de la caſſe;
L'on nous prendré per des marmoriats,
Si deux nigauds nous prene ben per fats.
Per acaba de biure bien en pats,
Beſen enfin les cinq gaupes pendudes,
Ou permetten per ploura leurs peccats,
Dans vn conben qu'elles ſien tondudes
Abec lou tens per vn bon repenti,
Elles belen ſe pourran comberti.

Fin du ſecond Acte.

ACTE III.

SCENE PREMIERE,

VN CONSEILLER DEPVTE' DV PARLEMENT DE BOVRDEAVX, VN CONSEILLER DV PARLEMENT DE PARIS.

LE CONSEILLER DE BOVRDEAVX.

IE l'aduoüe, il est vray : nous sommes bien surpris
De voir le Mazarin triompher dans Paris :
Ce pompeux appareil, cette suberbe suite,
Fait voir le triste estat où la France est reduite.

LE CONSEILLER DE PARIS.

Au moment glorieux que nos braues guerriers
Couurent heureusement leurs testes de lauriers ;
Que les nobles efforts de leur rare vaillance,
De nos fiers ennemis font triompher la France,
Que l'Espagne en dépit de nos diuisions
Perd le fruit tout entier de ses inuentions.
Ie ne puis m'empecher de condamner la crainte,

Dont vous soûfrez qu'icy vostre ame soit atteinte,

LE CONSEILLER DE BOVRDEAVX.

Ie fai voir par la peur, que vous osez blâmer
Que le bien de l'Estat sçait tout seul me charmer,
Mon esprit est raui de l'illustre auantage,
De nos braues guerriers qu'emporta le courage:
Que la France à sa honte apprenne à l'estranger,
Soubs vn noueau pouuoir qui croioit la ranger:
Hors ses diuisions qu'il n'est iamais possible
Que sa propre valeur ne la rende inuincible:
Mais ie ne puis soûfrir apres ce beau combat,
De voir le Mazarin dans vn si haut éclat,
Et bien que les François soient couronnez de gloire,
Qu'a ce fol de ministre ils doiuent leur victoire.
He quoy! ce grand Royaume où loge la valeur:
Nostre chere patrie a-telle ce malheur,
Qu'elle n'ait peut produire vne seule personne,
Qui sçache heureusement proteger la couronne,
Et que nous ne puissions vaincre sans partager
L'honneur de nos lauriers auecque l'estranger.

LE PARISIEN.

Qu'importe de quel lieu nous vienne l'assistance,
Pourueu que ce secours releue nostre France:
Et qu'elle voye enfin ses genereux enfans,
De ses fiers ennemis deuenir triomphans.

LE BOVRDELOIS.

Mais pour vn tel effet il n'est pas necessaire
Que nostre France employe vne main estrangere.
Le Mazarin pour elle est vn si foible appuy,
Qu'elle à plus de cent fois sçeu triompher sans luy:
Mais quand mesme son bras couronneroit sa teste,
Encor apres l'vtile il faut chercher l'honneste;
Ainsi suiuant les loix que nous prescrit l'honneur,
Quand mes desseins seront secondez du bon-heur,
Sans accuser le sort d'vn aueugle caprice,
On croira que le Ciel m'aura rendu iustice.
Si la fortune vient à trahir ma valeur,
Sans oser me blâmer on plaindra mon malheur:
Dans ce funeste estat vn châcun peut connestre,
Si ie suis malheureux que ie ne dois pas l'estre;
Et quand quelqu'vn rira de mon aduersité,
Vn autre admirera ma generosite:
Cette pensée enfin me pourra satisfaire,
Qu'aprés tout i'aurai fait ce que ie deuois faire:
Mais encor croyez-vous que ce lâche estranger
Ait perdu le desir qu'il à de se vanger.
Vn si noble succez animant son courage,
Il fera contre nous éclater quelque orage.

LE PARISIEN.

Vous n'auez point à craindre vn manquement de foy,
Vous aués pour garand la parole du Roy,

Et pour sa fermeté son Altesse Royale.

LE BOVRDELOIS.

Connoissant comme nous cette ame déloyale.
Vous ne deuriez iamais condamner vne peur,
Qui s'ose auec raison méfier d'vn trompeur.
Nous sommes asseurez que cette teste fole
Fait toûjours vanité de fausser sa parole:
Il n'en est point esclaue, il le dit hautement,
Et ses façons d'agir le preuuent clairement:
Par vne malheureuse & longue experience,
Nous voyons ce qu'il sçait donner à la vengence;
Ne vous souuient-il pas des conseils violens?
Qu'il osa prendre apres la bataille de Lens.
Le bon-heur malgré luy qui suiuit nostre armée,
Remplit d'vn lâche espoir son ame enuenimée:
Il creut qu'apres ce coup les malheureux desseins
Qu'il couuoit contre vous ne pourroiēt estre vains;
L'infame d'vn grand Prince osa trahir la gloire;
Il fit perdre le fruit d'vne illustre victoire,
Pour perdre des Heros d'vn illustre Senat,
Que sa fureur traittoit en criminels d'estat,
Que s'il n'a pas sur vous acheué sa vengeance,
L'on en doit rendre grace à sa seule impuissance.

LE PARISIEN.

Il est vray pour combler la France de malheurs,
Ce serpent en poison sçait conuertir les fleurs:
Que nostre Roy triomphe ou perde vne bataille,

Ce ne sont pas les soins dont ce fol se trauaille,
Il ne songe iamais a toute extremité,
Qu'a maintenir l'éclat de son authorité:
Mais puis qu'à ce malheur le Ciel nous abãdonne,
Que ce lâche aujourd'huy gouuerne la Couronne,
Ne murmurons iamais tandis que nos François
Triompheront soubs luy par leur nobles explois;
Si nous voulions banir cèt homme de nos terres,
Nous pourrions nous ietter dans des nouuelles guer-
res:
L'impuissance qu'il à de se vanger de nous,
Nous fait au pis aller mépriser son courroux.

LE BOVRDELOIS.

Les sujets de ma peur sont differens des vostres,
Les forces de Paris sont autres que les nostres:
Que si les Bourdelois en auoient à demy,
Ils riroient comme vous de ce fier ennemy.
Ie ne puis me flater d'vn vaine esperance,
Nous ne sçaurions tenir contre toute la France:
Le genereux Turenne ayant esté battu.
Nos bourgeois auront beau se piquer de vertu
Pour maintenir l'effet de leurs deux amnisties:
Les forces des François n'estant point diuerties,
Ils verront deux tirans qui violant leur foy,
Fairont marcher contr'eux tous les soldats du Roy.

SCENE II.

VN FRANCOIS DOMESTIQVE DV CARDINAL, LE CONSEILLER DE PARIS, LE CONSEILLER DE BOVRDEAVX.

LE DOMESTIQVE DV CARDINAL.

NE vous estonnez pas qu'vn de ses domestiques
Blâme du Cardinal les fureurs tyranniques:
Ie ne sçaurois soûfrir ce que cét Estranger
Medite contre vous afin de se vanger.
Estant né vray François, ie dois plus à la France
Qu'à la foy que mon cœur doit à son Eminence,
Encore qu'en effet ie sois de sa maison,
Ie ne puis approuuer sa lâche trahison.
Sçachez donc que depuis cette illustre iournée,
Que d'vn nouueau laurier la France est couronnée;
Que depuis ce combat si fameux à Rhetel,
Où nostre armée acquit vn honneur immortel:
Ce ministre d'estat enuenimé de rage,
Menace de remplir tout Paris de carnage;
Il veut regner en France, & son ambition,
Ose tout immoler à cette passion:
Et parce qu'auiourd'huy le party de la Fronde,
Empesche le dessein ou son espoir se fonde.

Il le veut rüiner & par force emporter
Ce que par ses vertus il n'a peu meriter.
Dans ce mesme moment ce tyran de la France,
Et le Duc d'Espernon consultent la vangeance,
A qui leurs ennemis ne peuuent échapper
Par leurs inuentions, s'ils se laissent tromper.

LE BOVRDELOIS.

Le sujet de ma crainte est-il bien raisonnable?
Attendrons nous le mal afin qu'il nous accable?
Où deuons-nous enfin preuenir le malheur.

LE PARISIEN.

Nous ne sçaurions auoir vn sentiment meilleur,
Soûfrant de ce tyran plus long temps les malices,
De ses méchancetez nous nous rendrons complices:
Mais pour ne faire point des efforts qui soient vains,
Que le braue Beaufort seconde nos desseins:
Nostre Ville aussi-bien que fit vôtre Prouince,
Reconnoist clairement l'innocence du Prince;
Et nôtre Parlement en cette occasion,
S'accorde hautement à vôtre intention:
Il a des-ja prié son Altesse Royale
De mettre en liberté cette ame martiale,
Ce Heros, qui n'est né, que pour nous obliger,
Et pour sauuer l'Estat des mains de l'Estranger.

SCENE III.

LE DVC DE BEAVFORT, LE CONSEILLER DE PARIS, ET CELVY DE BOVRDEAVX.

LE DVC DE BEAVFORT.

AH! que mon esprit soûfre vne estrange torture:
Que feras-tu ma France en cette conioncture!
Te voilà glorieuse, & tes nobles enfans
De son vieil ennemy maintenant triomphans:
Nonobstant ta valeur ie ne sçay que resoudre,
Et malgré tes lauriers ie crains pour toy la foudre.
Ta gloire m'est suspecte, & ton propre bon heur
Fait naistre en mon esprit ie ne sçai quelle peur:
Et cette mesme main qui couronne ta teste,
Me fait apprehender quelque horrible tempeste.
Ce ministre cruel iamais ne changera,
Ie sçai que s'il le peut le traistre nous perdra.

LE PARISIEN.

Ce dessein maintenant met son esprit en peine,
Et celuy de ce Duc qui troubla la Guienne:
Mais que les Bourdelois animez iustement,
Ont a la fin chassé de son gouuernement.

LE DVC DE BEAVFORT.

Ce fatal instrument de la perte commune!
Trahira-til toûjours nôtre heureuse fortune!

Forcera-t'il

Forcerat-il nos yeux pour comble de malheurs
Au milieu de la ioye à se noyer de pleurs?
Et fairat-il seruir le bon-heur de la France.
A l'execution d'vne iniuste vengance.
Nostre honneur en ce point est trop interessé
Pour souffrir plus long-temps cét esprit insensé.
A ses propres despens nous luy voulons apprendre.
Que de ses trahisons nous sçauons nous deffendre
Nous n'auons pas besoin d'estre fort genereux
Pour rompre du tyran les desseins mal'heureux.;
Il ne faut seulement, qu'vne simple menace
Afin de l'obliger d'abandonner la place.
Nul entre les mortels n'ayme la trahison.
Qu'il ne soit lasche aussi par la mesme raison.

LE BOVRDELOIS.

Pour le punir des maux, qu'il a faict dans la Frãce,
Permettons que le peuple en tire la vangance.
De deux Italiens que le trespas honteux
Aprene aux estrangers a demeurer chez eux.

LE PARISIEN.

I'oze vous aduouër que pour nous satisfaire
Le Mazarin merite vne mort exemplaire.
La Iustice le veut, & peut-estre qu'enfin
De ce lasche tyran la malheureuse fin
Fairoit à l'aduenir plus de bien à la France,
Que le doux procedé d'vne vaine clemence.

LE DVC DE BEAVFORT.

Si nous considerons ses noires actions,
Ses manquemens de foy tant de concussions,
La cause, & les effets de nos guerres ciuiles,
Les vols du plat païs, les sieges de nos villes:
Nous nous accorderons à vos raisonnements,
Et signerous l'Arrest de vos ressentiments.
Iesçay bien qu'en effet cette ame criminelle
Pour le bien de l'Estat n'a rien qui soit fidelle.
Ie croy de l'Espagnol, puis qu'il est né subiet,
Que de son souuerain il suiura le proiet,
oubien qu'ayant trahy pour vn peu d'esperance
Son Prince naturel en faueur de la France,
Que pour des trahisons il ne sçauroit rougir,
Et que c'est son seul bien, qui le peut faire agir.
Dessus le fondement de ces lasches maximes
Voyez combien en France il a basti de crimes.
Ce Ministre insensé n'a iamais consenti
A voir de l'Espagnol destruire le parti:
Alors que par bon-heur nostre rare vaillance
De nos vieux ennemis abbatoit l'esperance,
Cét infame taschoit a releuer leurs cœurs,
Et sa main arrestoit les progrez des vainqueurs.
La perte de Dunquerque apprenoit à la Flandre,
Que iamais l'Espagnol ne sçauroit la deffendre.
Dans ce mesme moment le païs des Estats
Secondoit la valeur de nos braues soldats.
Et lamaison d'Austriche estoit hors d'esperance

De soustenir l'effort des armes de la France,
Tandis que nos guerriers demeureroient liez,
Auec que le secours de si grands alliez,
Ce traistre preuoyant la perte de l'Espagne,
Afin de l'empescher, permit que l'Alemagne
Acheuast en dépit du traitté des François
La paix des Espagnols auec les Holandois.
Ainsi nostre ennemy posseda l'auantage,
Q[illegible] contre nous & forces & courage.
Vous sçauez comme quoy deux Princes genereux
Furent abandonnez par ce fol mal'heureux,
Alors qu'en Catalogne ils porterent leurs armes,
Dont le nom dãs l'Espagne excita tant d'alarmes.
A Naples par cet homme en general hai:
Le grand Guise se vit honteusement trahi?
Ignorez-vous qu'à Lens il fit tout son possible
Pour rauir à Condé le titre d'inuincible.
Mais quoy que ce Heros, ce demon des combats
Eut de sa trahison fait triompher son bras,
Ce lasche sans changer ses trames criminelles
Poursuiuit iusqu'au bout ses desseins infidelles,
Et fit qu'en cét Estat le Prince fut reduit,
Qu'enfin de sa victoire il perdit tout le fruict?
Mais qui pourra souffrir, que cette ame endiablée
Ait porté plus auant sa fureur aueuglée:
Il voulut abuser de ce noble combat
Pour perdre entierement vostre illustre Senat.
Vostre seule vertu fut l'obiet de sa haine,
Et tenant en ses mains le pouuoir de la Reyne

Il vous eut immolez à son sanglant courroux;
Si Paris n'eust à lors pris les armes pour vous.
Ie ne vous dirai point comment sa perfidie
A cette extremité peut deuenir hardie:
Que contre vos traittez, & l'honneur de sa foy,
De nuict hors de Paris il enleua le Roy,
Comment il eust le traistre affamé nostre ville,
Si le Ciel n'eust rendu son dessein inutille.
De mesme ie tairai la persecution,
Que Bourdeaux endura dans cette occasion.
Il arma contre luy les forces de mon Prince
Pour soustenir celuy, qui troubloit la Prouince.
Mais Bourdeaux confondit ses mal-heureux desseins,
Ce peuple genereux se văga par ses mains.
Le conseil fut contraint de luy rendre iustice
De deux lasches tyrans pour n'estre pas complice.
Comment puniroit-on tant de meschancetez,
Tant de saccagemens, tant d'infidelitez.
Cette malice enfin n'eust iamais son égale;
Nous voyons deux fleurons de la tige Royale
Qu'vn Ministre estrăger sans cause & sans raison
Detient iniustement si long-temps en prison.
Encor il a le cœur de traitter en rebelles
Ceux qui n'approuuent pas ses desseins infidelles.
Mais il faut arrester cét esprit insolent.

LE PARISIEN.

On applique à nos maux vn remede bien lent,
Nous auons trop souffert, & nostre patience
Flatte cét estranger d'vne vaine esperance,

LE DVC DE BEAVFORT.

Cette mesme pensée est auant dans mon cœur.
Mais pour pouuoir âgir auec plus de vigueur
Ie voudrois, qu'auec nous son altesse Royale
Trauaillat à banir cette ame desloyale.

SCENE IIII.

MONSIEVR D'ORLEANS
LE DVC DE BEAVFORT.

MONSIEVR D'ORLEANS.

QVoy donc impunemeut c'et infame estranger?
Deuāt mes propres yeux aura peu m'outrager?
Quoy pourrois j'endurer, qu'il ait eu l'insolence,
De condamner la foy des plus grands de la France
Qu'aux Fairfax, & Cromuels il compare aujour-
Et dont effrontemēt il me nomme l'appuy. (d'huy.

LE DVC DE BEAVFORT.

Despuis que sur le sang de la maison Royalle
Ce perfide a porté sa fureur sans égale,
Qu'en effet en prison trois Princes il a mis
Il pense, qu'il n'est rien qui ne luy soit permis.

Ainsi cét insolent a pris la hardiesse
De s'attaquer en suitte à vostre propre Altesse.
Ie vous prie en ce lieu de ne vous flatter point,
L'insolence du traistre est mõtée à ce point, (prẽdre
Qu'il n'est rien qu'il ne face, ou qu'il n'ose entre-
Afin que son Empire en France il puisse estendre.
Les persecutions d'vn autre Cardinal
Vous deuroient obliger a preuenir le mal?
Croiez vous qu'aprez tout ce fou de personnage
Ne veuille pas sur vous r'emporter l'auantage,
Que sur le grand Condé l'on souffrit, qu'il ait eu.

LE DVC D'ORLEANS.

Mon esprit sur ce point est si fort combattu,
Qu'il ne fait nul dessein, que soudain il ne chãge;
Tant l'estat du destin de la France est estrange.
Si ie pretends chasser ce Ministre insolent,
Ie condamne aussi-tost ce conseil violent,
Et ie croy, qu'il vaut mieux estouffer nostre haine,
Que choquer le pouuoir de nostre souueraine.
Encore apres cela, quand ie l'aurai destruit,
De sa destruction considerons le fruict.
On me reprochera ce honteux auantage
D'auoir enfin deffaict moy mesme mon courage.

LE DVC DE BEAVFORT.

Si pendant quelque temps vous l'auez maintenu,
C'est parce que pour lors vous l'auez peu connu,
Mais parce qu'auiourd'huy sãs s'aueugler soy mẽs-

On ne sçauroit douter de sa malice extreme, (me,
Et que les laschetez que sans cesse il commet
Condamnent qui les voit, & qui les luy permet,
Vous deuriez de ce fol deliurer nostre France.
Ce sera hautement seconder l'esperance,
Dont en cette rencontre elle oze se flatter.

LE DVC D'ORLEANS.

De si fortes raisons le doiuent emporter.
Ma naissance m'oblige aux despens da ma vie
A respondre des maux qui troublent la patrie

LE DVC DE BEAVFORT.

De plus le Parlement a desia demandé,
Qu'on iuge le procez du Prince de Condé.
Que s'il est innocent, il veut qu'on l'eslargisse,
Que s'il est criminel que le Roy le punisse.
Aprez tout Mon-seigneur il n'est point de raison,
Qu'on tiẽne si long-temps trois Princes en prison,
De leur detention sans qu'on rende la cause.

LE DVC D'ORLEANS.

C'est ce qu'en ce moment mon esprit se propose.
Car si ie consentis pour le bien de l'Estat,
Que de ce grand heros la France s'asseurat,
Ie voulus preuenir par vn coup de prudence (rẽce.
Les maux, qu'on me fit craindre auec trop d'appa-

LE DVC DE BEAVFORT.

Pour le bien de l'Estat c'est estre bien zelé,
Quand nostre propre sang luy peut estre immolé.
Vostre Altesse auiourd'huy voyant la calomnie,
Afin de soustenir sa fiere tyrannie
Que contre vn grãd Heros d'vn dessein trop hardy
Inuenta meschamment ce Ministre estourdy?
Pourrat-elle priuer, plus long-temps nostre France
Du secours qu'elle attend de sa rare vaillance?
Ne luy rendrez vous pas cét illustre innocent,
Dont le bras est l'appuy de l'Estat languissant.

LE DVC D'ORLEANS.

Ouy toute l'equité m'oblige à le luy rendre,
Et ie le luy rendray, quoy qu'on veuille entreprendre
Ie ne sçaurois souffrir, d'vn calomniateur
Que la France auiourd'uy me nomme protecteur.
En cette occasion cette gloire m'est deuë
De n'abandonner pas l'innocence connuë.
Pour ayder fortement ma consolation
Considerons les points de l'accusation.
Que contre ce Heros publia ce Ministre.

LE DVC DE BEAVFORT.

C'est de son insolence vne marque sinistre.
Le lasche accuse vn Prince aussi vaillant, qu'heureux
D'auoir pour sa patrie esté trop genereux
Pour sauuer puissamment l'honneur de la couronne.

D'auoir

D'auoir aueuglement exposé sa personne,
D'auoir fait triompher dans les champs de Rocroy
Par sa seule valeur les armes de son Roy,
A suite du combat d'auoir pris Thionuille,
Et deuant les remparts de cette grande ville
D'auoir eu le bon-heur auec vn cœur ardent
De reparer l'honneur d'vn malheur precedent.
Apres auoir battu les forces de l'Espagne,
D'auoir l'année aprez fait trembler l'Alemagne,
Defait des ennemis les forces à Frisbourg,
Et dans vn demy mois auoir pris Philisbourg:
Cependant que vos mains par des faueurs diuines
A l'empire François adioustoient Grauelines.
Ce Prince genereux est encore accusé
De s'estre heureusement à Norlingue expozé,
Afin de retirer vne illustre vengence
Du sang des Suëdois alliez de la France.
Tant de succez heureux surprirent cét esprit,
Qui craignit que l'Espagne à la fin ne perit.
Ce fut apres ce coup, que cét infame traistre
Fit ses meschancetez ouuertement parestre
A nos vieux ennemis pour redonner du cœur,
Qui trembloient au seul nom d'vn si noble vainqueur
Par vne inuention aussi lasche que noire
A Lens cét estranger trahissant nostre gloire
Vouloit que l'Espagnol se couurit des lauriers,
Dont Condé malgré luy couronna nos guerriers.
Voila dans peu de mots le recit veritable
Des accusations, dont le Prince est coupable.

Il eſt vray, que deuant vn Miniſtre Eſpagnol,
Que celuy qui rabat le temeraire vol
De cette nation que l'orgueil accompagne (gne
Eſt criminel des pleurs, qu'on verſe dans l'Eſpa-
Mais eternellement on verra les François,
Qui ſeront obligez à de ſi beaux exploits,
Et nos propres neueus les liſant dans l'Hiſtoire
Admirant ce grand cœur enui'ront noſtre gloire,
Mais le reſſentiment. que ie ne puis cacher,
C'eſt de voir qu'vn ingrat ait oſé reprocher
Ce qu'vn Prince du ſang poſſede dans la France
Par valeur par merite, & par droit de naiſſance,
Que la ſucceſſion de ſes biens paternels
Rendent ſon frere, & luy deuant nous criminels;
Comme ſi le beau droit de regir les Prouinces
Ne deuoit pas tomber dans la maiſon des Princes;
Ceux que le Ciel fait naiſtre en vn ſi haut eſclat,
Ont bien plus d'intereſt a conſeruer l'Eſtat,
Puis que c'eſt de leur ſang conſeruer l'heritage,
Que c'eux que l'amour ſeul de la patrie engage
Pour leur cõmune mere à prendre vn ſoin cõmun.
Deux deuoirs dãs nos cœurs sõt touſiours plus forts
Mais quãd méme Condé cette ame martiale (qu'vn,
Seroit d'vne naiſſance aux Princes inegale.
Les ſeruices, qu'au Roy ſa valeur a rendus, (deubs.
Preuuent que ſes honneurs, & ſes biens luy ſont
Au lieu que ce Miniſtre eſtranger dans la France,
Homme de nul merite, & de baſſe naiſſance
Parmi nous auiourd'huy poſſede vn ſi haut rang,

Qu'il surpasse celuy de nos Princes du sang.
Et que par vne horrible & longue effronterie
Il a volé l'argent de toute la patrie.

LE DVC D'ORLEANS.

Ses lasches procedez me touchent viuement :
Ses vols meriteroient vn iuste chastiment.
Et dans le triste estat, ou la France est reduite,
Ie me suis resolu d'en arrester la suitte.
Et pour bien tost chasser cét homme mal-heureux,
Deliurons de prison ce Prince genereux.
Ie n'aprehende point que ce dernier outrage
A se vanger de nous anime son courage,

LE DVC DE BEAVFORT.

Le bien de sa patrie à ce Prince est si cher,
Qu'vn si honteux dessein ne le sçauroit toucher,

LE DVC D'ORLEANS.

Et quand mesme Condé se trouueroit coupable.
Iamais ce procedé ne sera pardonnable,
Qui punit son beau-frere, & son frere auec luy,
Et perd deux innocens pour les crimes d'autruy.

STANCES GASCONNES.

MIserable Bernad asture qu'y faran, (ran,
Ton suppost est perdut, asture que bey-

Qui de nous trahit noste Prince.
Tonamic Mazarin, aquet diable incarnat
Hors de noste pays sera bien leu cassat,
Comme tu lés desia hors de noste Probince.
Beicy ce que Bourdeu ne te sçauré cacha,
Si tal es son plasi, res ne pot enpeicha,
Que Cadillac n'angue per terre.
Mais bien te'n pren, qu'anuit nostes brabes soldats
Ne beüillen pas arma la force de leur bras.
A dous simples caillaus per ana fa la guerre.
Degun tes laschetas ne preten imita,
L'on bou daus ennemics, que posquen augmenta
Per leur deffence noste glori.
Et nostes Bourdelez abec tous leurs trabaux
N'an boulut que sauba lous malhouroux houstaux,
Qu'à brusla lou Pernon mette be sa biectori.
Oncle de noste Rey, delice daus Frances,
Gaston gueite l'estat on la praube France és,
Ere languis en esclabage.
Casseme soun tyran? fei l'y rompē sous fers,
Perde lou soubeni d'aux maux qu'elle a soufferts.
Ton ço l'a resolut, acabe aquet oubrage.
Aquet bilen desia tremble de male paou
E iou gauzi pensa qu'et n'és pas assez fou
Afin d'attendre la tampeste

Si iou ſuy bon debin l'on pot s'aſſegura,
Qu'en d'aqueſte momen et ſë bai prepara
Per vne brabe fuyte à guaranti ſa teſte.
Aprez l'extremitat, on la France ſe bey,
Lous Francez à Gaſton canteran à jamey,
Que de leur ſalut et es l'anchre.
Et pouré juſqu'au bout obligea lou pays, (his
S'et ſouffré, que d'aquet que nous a tant tra-
La mort renoubeletz lou ſort d'au Marquis-
d'Ancre.
De tant de maux ſoufferts la reparation,
De tant de biens boulats la reſtitution.
Me ſemblere bien neceſſari:
Que ſi lou Mazarin pod entau s'eſcapa, (pa.
Tout lou mõde ſens pou gauzera nous trom-
Puſque per lou ſouffri l'on eſt tant bolontari.

Fin du troiſiéme acte.

ACTE IIII.

SCENE PREMIERE

LE CARDINAL MAZARIN, ET VN SIEN DOMESTIQVE.

LE CARDINAL.

D'Où vient ſoudainement cette horrible tem. peſte.
Qui commence dans l'air à gronder ſur ma teſte?
Ah maudit Parlement pourſuiuras tu touſiours
Tes malheureux deſſeins iuſqu'au bout de mes iours?
Iuſqu'où porteras-tu les effets de ta haine?
Qu'elle ſera la fin de ta rage inhumaine?
N'es-tu pas ſatisfait des perſécutions,
Que tu m'as fait ſouffrir en tant d'occaſions.
Tu m'as fait mille affronts dont le moindre eſt capable
De rendre ſans égal mon malheur deplorable.
Eternelle equité que ta ſaincte rigueur
Punit ſeuerement les crimes de mon cœur.

Non, les maux que i'ay fait endurer à la France
Ne sçauroient meriter la cruelle vengence,
Qu'en faueur des subiets rebelles à leur Roy
Et la terre, & le Ciel ordonnent contre moy.

LE DOMESTIQVE.

Non, non il est certain, qu'en fin vostre Eminence
A de tous les François lassé la patience?
Croiez vous que c'est peu d'auoir trahi l'Estat
De vostre authorité pour maintenir l'esclat.
En depit du bon-heur qui nos bras accompagne
D'auoir peu retarder la perte de l'Espagne?
N'est-ce rien que d'auoir detenu sans raison
Le genereux Beaufort si long-temps en prison.
Vous auez enleué tout l'argent de la France
Sans payer aux soldats la moindre subsistance.
N'auez vous pas voulu perdre les Parlemens,
Parce qu'ils s'opposoient à vos commandemens.
Et pour venir à bout d'vn dessein si tragique
Vous auez mille fois trahi la foy publique?
Faut-il, en cét estat que le Roy vous ait mis
Pour fouler ses subiets plus que ses ennemis,
Et qu'enfin les François consentent à leur perte,
Si le Prince à leur cris n'a pas l'oreille ouuerte.

LE CARDINAL.

Ie l'aduouë, il est vray, ie ne puis le cacher.
A mes seuls interests ie me laisse toucher.
La perte des François m'est peu considerable

Qu'en ie voy qu'en effet elle m'est profitable.
C'est la seule raison qui me peut faire agir,
Et qui mes sentimens sçait puissamment regir.
C'est ainsi des François que trahissant la gloire
Ie leur ay desrobé quelque illustre victoire.
Ie craignois que trop tost la guerre s'acheuast
Et que tous mes proiects la paix ne ruinast.
Qu'ainsi ie manquerois d'vn moyen excusable
Pour couurir tous mes vols d'vn pretexte honora-
Soubs couleur de leuer l'entretien des soldats, (ble
Que nous sçauons tromper en ne les payant pas.
Les peuples opprimez iettent en vain des larmes,
On n'entend point leurs cris parmi le bruit des ar-
D'ailleurs voici pourquoy ie ne voulus iamais (mes
Consentir que la France ait peu se voir en paix.
De vostre nation l'humeur est trop boüillante,
Martiale, inquiete, & tousiours agissante,
Que si vous n'auiez point d'ennemis au dehors
Pour en trouuer chez vous vous fairiez vos efforts.
Et i'ay tous les subiets en cette conioncture
De craindre les malheurs d'vne triste auanture.
Les Princes songeroient à reformer l'Estat,
Sans auoir du respect pour mon Cardinalat
Les peuples irritez chercheroient la vengence
De leur oppression, & de ma violence.
De plus si les Estats venoient à s'assembler (les
Des deniers, que i'ay peu dans vingt ans leur vo-
Il faudroit, qu'en vn iour ie leur rendisse conte,
Et qu'en la pauureté ie tombasse auec honte.

E

Encor le desespoir ne m'accableroit point :
Si ie n'estois reduit, que dans mon premier poinct,
Et qu'à mes ennemis ie peusse satisfaire
Par la mendicité, qui m'est hereditaire.
Sans pretendre d'entrer dans le sang des Bourbons
Mes niepces s'alli'roient à quelques postillons.
Mais si l'on me vouloit obliger à remettre
Tout ce que pour voler ma main s'osa permettre,
Comment euiterois-ie vn iuste chastiment,
Pour les deniers que i'ay dissipé folement?
C'est ainsi qu'à Munster le vaillant Longueuille
Prist pour traitter la paix vne peine inutile.
I'eus assez de bon-heur pour pouuoir empescher
Ce que ce grand Heros sçeut si bien esbaucher.

LE DOMESTIQVE.

Mais apres ce grand coup fustes vous pardonnable
De choquer dans Paris ce Senat venerable.

LE CARDINAL.

C'est pour plusieurs raisons que i'ay deu me porter
A cette extremité qu'on ose detester.
Ie ne pouuois souffrir cette Cour souueraine.
I'ay pour les gens de bien vne implacable haine,
Mais voicy ce qui m'a puissamment obligé.
Ie voyois les François, le peuple, le Clergé,
Les villes, la campagne, & la Noblesse mesme (me,
Languir dans le malheur d'vne indigente extre-
Et personne en depit de mes inuentions
Ne pouuoit plus payer les impositions,

Dont par mon auarice vn peu trop dereglée
La France estoit desia presque toute accablée.
Alors les Parlemens par leur authorité,
Sentoient moins, ce sembloit, cette necessité.
Sans songer qu'ils pouuoiẽt renuerser ma fortune,
Ie voulus les plonger dans la perte commune.
De nuict hors de Paris l'enleuement du Roy,
Tous les troubles publics, mes manquemens de foy,
De mes maudits conseils sont la honteuse suite,
Pour enfin soubs mes loix voir la France reduite.
D'ailleurs i'apprehendois que ce ieune Heros,
Qui rompoit mes desseins qui faisoient mon repos,
Ne portât trop auant sa derniere victoire,
Et qu'ainsi l'Espagnol renonçant à sa gloire
N'achepiât à tel prix, qu'il voudroit accorder,
La paix qu'en cét estat il alloit demander.
I'eus peur en ce moment que ce genereux Prince
Ne nous fist de la Flandre vne illustre Prouince.
Ie voulus empescher par vn coup de mal-heur,
Les glorieux effets de sa rare valeur:
Du pays estranger ie diuertis ses armes,
Qui depuis à Paris cousterent tant de larmes.
Ie sçai bien que c'estoit trahir vos interests:
Mais qu'on apprenne aussi que ie fuyois la paix.

LE DOMESTIQVE.

Comment soustiendrez vous cette noire iniustice,
D'auoir emprisonné trois Princes par caprice.

LE CARDINAL.

Ie creus que ce dessein n'estoit pas a propos,
Et qu'auec vne armée il me seroit facile
De sousmettre à mes loix cette superbe ville.
D'ailleurs leur Gouuerneur, & Candale son fils
Sont les plus asseurez de mes meilleurs amis.
Et de mes niepces l'vne estoit lors destinée
De ce jeune Seigneur à souffrir l'Hymenée.

LE DOMESTIQVE.

C'est pourtant auiourd'huy le seul point qui vous perd
Et depuis qu'à leur cris le chemin est ouuert,
Iamais les Bourdelois n'ont cessé de se plaindre,
Et de là vient le mal que vous auez à craindre.

LE CARDINAL.

Leurs maudits Deputez par vn soin importun,
Semblent me preparer vn mal-heur non commun.

LE DOMESTIQVE.

Et puisque par bon-heur ie preuoy la tempeste,
Qui peut dans vn moment accabler vostre teste,
Ne trouuez pas mauuais, qu'en m'esloignant de vous
Ie tasche de me mettre à l'abry de tels coups.
Que si vous ne songez, qu'à ce qui vous regarde,
Cet homme est insensé qui pour vous se hazarde.

LE CARDINAL.

Condé me pouuoit perdre, & ce Prince offensé
Par ses propres discours m'en auoit menacé.
Ie voulus preuenir ma perte par la sienne.
Et puisque sur ce poinct il faut qu'on t'entretiẽne,
Ie voyois tout Paris tellement en courroux
Des maux que cette ville auoit reçeu de nous.
Que ie creus apres tout qu'il estoit necessaire,
Par quelque inuention d'arrester leur colere.
Le ieune Prince & moy, qui les auois trahis,
Estions par ce grand peuple esgalement hays.
I'eus dessein de me mettre à couuert du naufrage,
Et i'exposai pour moy ce Heros à l'orage.
C'est ainsi que ie vis mon pouuoir raffermi
Par l'emprisonnement d'vn si grand ennnemy,
Par l'obligation que m'auroit la Couronne,
De l'auoir sceu vanger d'vne illustre personne,
Qui loin de s'opposer à mon lasche attentat,
Fut vn des instruments des malheurs de l'Estat,
Et par les interests que Paris deuoit prendre,
Pour soustenir le coup que i'osois entreprendre:
Et la valeur du Prince, & sa captiuité
Seruirent au maintien de mon authorité.

LE DOMESTIQVE.

Vous deuiez à Bourdeaux faire la mesme chose,
Et de leurs mouuemens sacrifier la cause
A leurs ressentimens, comme à vostre repos.

SCENE II.

LE CARDINAL SEVL.

Pauure Iules enfin quel conseil prendras-tu,
Ie sens que ton esprit est tout presque abbatu.
C'en est fait à ce coup : tes propres domestiques
Soustiennent contre toy les querelles publiques,
Prend garde à toy de prés : tu ne peux eschapper
A ceux que ton esprit sceut si souuent tromper.
Faut-il que la Guyenne, vne seule Prouince,
S'obstine à demander la liberté du Prince.
I'auois creu sans raison que la paix de Bourdeaux
Seroit pour appaiser tous les troubles nouueaux ;
Mais ie voy, qu'il faloit en couper la racine,
Et par vn bon conseil preuenir ma ruine.
Ie deuois contenter ce peuple genereux,
Deliurant le pays d'vn tyran malheureux.
Contre les sentimens qu'enseigne mon eschole,
Ie deuois me resoudre à tenir ma porole.
Ie serois à couuert des importunitez,
Qu'ils me font par la voix de leurs fiers Deputez,
L'honneur de mon amy, de ce Duc miserable,
Au prix de mon salut n'est point considerable.
Si i'ay iusques icy trahy l'honneur du Roy,
Et le bien de l'Estat, pour ne penser qu'à moy,

Faut-il par des moyens, qui sont peu legitimes,
Me dementir moy-mesme, & choquer mes maxi-
Ie voy que par malheur ie prefere auiourd'huy (mes
A mon propre repos les interests d'autruy.

SCENE III.
LE CARDINAL
ET SES NIEPCES.

LE CARDINAL.

MIserable debris d'vne illustre fortune,
Tombant d'vne grandeur qui n'estoit pas
Soyez à l'auenir vn exemple fameux (commune,
De l'instabilité des fauoris heureux.
Ie preparois pour vous des nobles Hymenées,
Aux plus grãds des François vous estiez destinées.
Ie croyois auoir bien asseuré ma grandeur,
Et pouuoir triompher de ce parti frondeur,
Qui ranimant son cœur d'vne nouuelle audace,
Me semble preparer quelque estrange disgrace.

VNE NIEPCE.

Croyez vous bien qu'apres le combat de Rethel

On puisse en quelque part rencontrer vn mortel,
Qui s'oppose aux desseins que conceura vostre ame.

LE CARDINAL.

Ie l'ay creu comme vous, & d'vne digne flame
Dãs ces beaux champs de Mars ie laissay m'eschau-
De tous mes enuieux pour la voix étoufer; (fer
Mais quoy, ni mes lauriers, ni méme nostre Reyne
Ne sçauroient empescher les effets de la haine,
Que les peuples par tout ont conceu contre moy.

VNE NIEPCE.

Faites valoir contr'eux l'authorité du Roy.

LE CARDINAL.

Il est entre leurs mains,

VNE NIEPCE.

Enleuons-le.

LE CARDINAL.

La Ville
En estant allarmée il seroit difficile.

VNE NIEPCE.

Monsieur il n'appartient qu'aux hõmes genereux
De former des desseins qui semblent dangereux.

LE CARDINAL.

Mon ame, quoy qu'icy mon courage luy die,
Croit que cette pensée est vn peu trop hardie.
J'aime mieux dans la France abandõner mon biē,
Où ie ne pourray perdre aprez tout rien du mien,
Et faire effort de mettre en seureté ma vie,
Que courir le haZard qu'elle me soit rauie.
Quoy qu'il en soit, vostre oncle est toûjours Cardi-
Et cette dignité dans mon pays natal. (nal,
Couurira le defaut de ma basse naissance.
Ils voudront tous entrer dedans mon alliance,
Quand ie vous doterai de l'argent des François,
Qui des diuers partis vous donnera le chois.

VNE NIEPCE.

Hé! que deuiendra donc le Seigneur de Candale,
Si par vostre conseil je luy suis desloyale!

VNE AVTRE NIEPCE.

Mais encor que fera le grand Duc de Mercœur,
Si ie banis ainsi ses flames de mon cœur?

LE CARDINAL.

Vostre fidelité dans l'amour est loüable;
Mais en cette rencontre elle est peu pardonnable.
Laissez-moy resuer seul, pour pouuoir à loisir
Mediter le conseil que nous deuons choisir.

SCENE

SCENE IIII.

LE CARDINAL ET LE DVC D'ESPERNON.

LE DVC D'ESPERNON.

D'Où vous vient si soudain cette melancholie?
Il sēble par malheur que vôtre esprit s'oublie.
Apprehendez-vous tant ces souueraines Cours,
Que cōtre leurs efforts vous manquiez de secours.
Quel que soit leur dessein à chercher des vēgeances
Leur pouuoir ne s'estēd qu'à quelques remonstrāces
Qu'à des plaintes qu'on peut, ou ne pas escouter,
Ou sans trop de peril aisément rebuter.
Pourquoy donc cōceuoir ces frayeurs sans pareilles,
Pour vn mal qu'on euite en fermant les oreilles?

LE CARDINAL.

Cecy n'est rien ce semble, & pourtāt c'est beaucoup,
Ie ne puis me sauuer contre vn si rude coup.
Ces remonstrances sont vn peu plus que des plain-
Et font auec raison le sujet de mes craintes. (tes,
I'en serois à couuert si par leurs Majestez

Se pouuoient mespriser les importunitez, (trance
Qui soubs vn si beau nom, qu'vne humble remon.
Dispensent les François de leur obeyssance,
Et forcent bien souuent l'authorité des Roys
De leurs propres Sujets à receuoir des Loix.
C'est leur dire en vn mot : faites de bonne grace
Ce qu'il faut malgré vous à la fin que l'on face.

LE DVC D'ESPERNON.

Il faut pour cét effet auoir la force en main.

LE CARDINAL.

Le peuple mal instruit seconde leur dessein,
Et selon les aduis qu'il ne deuroit pas suiure,
Il demande auiourd'huy que le Prince on déliure.

LE DVC D'ESPERNON.

Ne craint-il pas qu'aprez ses mauuais traitemens
Le Prince ne s'emporte à des ressentimens
Que luy peut inspirer vn desir de vangeance.

LE CARDINAL.

Les peuples ne sont plus dans cette meffiance,
Le Parlement respond que ce jeune Heros
Ne songera jamais à troubler leur repos,
Et ces fous condamnāt leur crainte comme vaine,
Tournēt contre nous deux tout l'effort de leur haine.
Le grand Duc d'Orleans a mesme consenti
Auecque tout le monde à quitter mon parti.

LE DVC D'ESPERNON.

Il eſt vray que ſur nous tombera tout l'orage,
Si Condé peut ſortir de ſon triſte eſclauage.
Pourtant, quoy que Paris vous puiſſe demander,
Voſtre eſprit ne doit rien du tout apprehender.
Vous eſtes tout puiſſant dans le Havre de Grace,
Puiſque le commandant tient de vous cette place.
A toute extremité pour n'eſtre pas ſurpris,
Vous n'eſtes obligé qu'à ſortir de Paris.
Et de peur que ſur vous la tempeſte n'eſclatte:
Abandonnez les murs de cette ville ingrate,
Faites pluſtoſt effort pour enleuer le Roy.

LE CARDINAL.

Le puis-ie ſans danger.

LE DVC D'ESPERNON.

Vous remplirez d'effroy
Des eſprits de tous ceux, dont l'extreme inſolence
Oſe ſi hautement choquer voſtre Eminence.
Vous avés des amis qui vous ſeconderont.

LE CARDINAL.

I'y pourrois par malheur receuoir quelque affront.

LE DVC D'ESPERNON.

Le danger n'eſt pas grand, puiſque ie le meſpriſe.

LE CARDINAL.

A tout considerer cette haute entreprise,
Ne pourroit-elle pas s'executer sans moy?

LE DVC D'ESPERNON.

Ie n'en veux pas douter: mais le mal que i'y voy,
Vos gens se porteront auec plus de courage,
Si le mesme danger auec eux vous engage.

LE CARDINAL.

Laissons là les dangers, pour ne vous flatter pas,
Ie me fie à mes pieds vn peu plus qu'à mes bras.

LE DVC D'ESPERNON.

Ie suis de vostre aduis, & mon ame est rauie,
Que vous n'exposiez point follement vostre vie,
Et moy mesme aprez tout i'en vzerois ainsi.
Partez donc le plustost que vous pourrez d'icy.

LE CARDINAL.

Quand les Parisiens me verront hors leur ville,
L'enleuement du Roy vous sera plus facile.
Ie m'en vay de ce pas mettre ordre pour partir.

SCENE V.

LE DVC D'ESPERNON, NANON.

LE DVC D'ESPERNON.

EST il vray que le Ciel ne puisse consentir,
A ce que nous goustions vne parfaite ioye.

NANON.

De quel nouueau malheur deuenons nous la proye.
Aprez le beau succez du combat de Rhetel,
I'ay creu du Cardinal le bon-heur estre tel.
Que le sort ne sçauroit renuerser sa fortune.

LE DVC D'ESPERNON.

Ah! de ces Parlemens la fureur importune,
Semble auoir attendu ce malheureux moment
Nonobstant nostre espoir pour plus sensiblement,
Nous faire ressentir les effets de sa haine.

NANON.

Quel conseil a donc pris cette Cour souueraine.

LE DVC D'ESPERNON.

Elle veut retirer le Prince de prison,

Et ie ne puis sçauoir par quelle trahison
Elle a fait qu'auiourd'huy son Altesse Royale
Consent à desliurer cette ame martiale.

NANON.

Nous sommes donc perdus.

LE DVC D'ESPERNON.

Ie ne sçay qu'esperer :
Mon cœur contre ma peur ne me peut r'asseurer;
Et ton fidelle Amant seroit inconsolable,
Si le sort dans l'amour ne m'estoit fauorable.

NANON.

Vn hõme n'est iamais malheureux en tous poincts.

LE DVC D'ESPERNON.

Ton amour, & ma foy font presque tous mes soins.
Les satisfactions que ma Nanon me donne, (ne,
M'endurcissent aux maux, où le Ciel m'abãdon-
Et si pour ma grandeur ie forme quelques vœux,
C'est pour en faire part à l'objet de mes feux.

NANON.

Ce n'est pas d'auiourd'huy que i'ay sçeu recõnoistre
Cette amour que mes yeux dans vôtre ame ont fait naistre
Et quoy que mon honneur m'ait tousiours esté cher,
Vous sçauez qu'à la fin ie n'ay peu m'empescher,

Malgré toutes ses loix de souffrir pour vous plaire,
Ce par qui les amants se peuuent satisfaire.
C'estoit peu de payer vos pleurs par mes souspirs,
Ie m'abandonnai toute à vos ardents desirs,
Pour monstrer que vos feux ma passion seconde,
I'ay mesprisé pour vous tous les discours du monde,
Et i'osai depuis peu pour vous suiure en ce lieu,
A mon païs natal dire vn honteux adieu.

LE DVC D'ESPERNON.

Ie confesse auec toy, qu'vne amour est extreme,
Alors que pour autruy l'on se trahit soy mesme:
Mais aussi ta bonté m'a touché puissamment,
Et ce dernier effet m'a charmé tellement,
Qu'en depit des malheurs où mon destin m'egage
Contre le desespoir ie deffens mon courage.
Par tant de maux passez ie serois accablé,
Si ta fidelité ne m'eust pas consolé.
Cela m'a fait souffrir, qu'vne illustre Prouince,
Par force m'ait raui la qualité de Prince.
De mes oppressions quand vn peuple offensé
De mon Gouuernement m'a vaillamment chassé,
Dans les afflictions que mon cœur a souffertes,
Mon ame est demeurée insensible à mes pertes.
Et i'aime mieux du Roy me voir abandonné,
Et malheureux guerrier, qu'Amant infortuné.

NANON.

Viuez sans craindre rien, le destin vous l'ordonne,

Puisque vostre bon-heur depend de ma personne,
Vous le verrez durer iusqu'à l'eternité,
Si vous ne l'attachez qu'à ma fidelité.

LE DVC D'ESPERNON.

Ie ne demande rien aprez cette asseurance,
Qui m'oblige au delà de ma propre esperance.
Ie m'en vay cependant, comme ie l'ay promis,
Pour enleuer le Roy preparer mes amis.

SCENE VI.

LES NIEPCES DV MAZARIN, NANON ET MARION.

VNE NIEPCE.

AH! mes sœurs, qu'auiourd'huy nous sommes malheureuses,
Le bon-heur de vous voir nous rendoit orgueilleuses,
Mais qu'vn si rare bien a duré peu de temps.

MARION.

Les plaisirs les plus grands sont les plus inconstãs.

VNE NIEPCE.

N'auons nous eu l'honneur de vostre connoissance,
Qu'

Que pour souffrir si tost vne si rude absence,
A peine goustions nous le plaisir de vous voir,
Qu'il nous faut nous resoudre à ne plus receuoir
Ces satisfactions si grandes & si cheres.

NANON.

Ne nous flattez point tant : elles sont bien legeres,
Nous mesmes nous croyons que nous valons si peu,
Que vous ne nous tenez ce discours que par jeu,
Cette ciuilité siéroit mieux à nos bouches.

VNE NIEPCE.

Nanon par ta douceur tellement tu me touches,
Que si ie me trouuois d'vn sexe different.
I'aurois pour tes beaux yeux vn amour aussi grand,
Que celuy que ton Duc a conceu pour tes charmes.

NANON.

C'est à vous qu'en tous lieux les cœurs rẽdẽt les ar-
Et les François seront dans vn aueuglement,(mes,
Quand ils consentiront à vostre éloignement.
Pourront-ils de chez eux voir partir sans folie
Ce que de plus parfait a produit l'Italie?

MARION.

Ie vous aduoü'rai bien, qu'en ce cruel Arrest,
Nos Dames trouueront vn heureux interest,
Si l'on ne voyoit plus vos beautez sans pareilles,
Reluire dans la Cour comme autant de merueilles,

Nos belles paroistroient dans leur premier estat,
Dont vos diuins attraits effacent tout l'esclat.
Si i'entrois plus auant dans vostre confidence,
Ie vous demanderois si partant de la France,
Vous aurez le malheur de rapporter chez vous,
Ce que comme ie croy vous portastes chez nous.

VNE NIEPCE.

Puisque vous nous parlez auec tant de franchise,
Ie ne craindrai jamais que ie vous scandalise,
Vous qui ne blasmez pas les inclinations,
Par l'ingenüité de nos confessions.
Ne croyez pas, mes sœurs, qu'au pays d'où nous (sommes,
Les filles soient jamais plus sages que les hommes.
Mais nous nous contẽtons de ces fols malheureux,
Au lieu que nostre sexe est mesprisé par eux.
Sçachez donc que deuant que partir d'Italie,
Nous fismes ce qu'icy l'on nomme la folie:
Ce qui nous perd par tout de reputation,
Quand on ne le fait pas auec discretion,
Dont pourtãt auiourd'huy nul presque ne s'offense,
Alors que par adresse on sauue l'apparence.

MARION.

Il ne faut point auoir de commerce à la Cour
Pour oser condamner celles qui font l'amour,
Et lors que i'eus lhõneur de vous voir si bien faites,
Ie creus que vous estiez galantes, mais discretes
Encore vous aurez la consolation
De rencontrer en nous vostre inclination.

STANCES GASCONNES.

MAugré biu la raçe maudite,
Qui s'y fide et es insensat?
Augusses tu iamey pensat
A la honte, que sec leur bite.
Mais n'anen pas les accusa
Erres sçauren se desguisa,
Et bien contre-fa les sucrades.
Mais aprez leurs confessions
Son erres assez esfrontades
Per denega leurs actions.
Et es bien bray, l'on lou diu creyre,
Que la race daus Mazarins
N'es pas per biure en Capucins,
Tout lou monde lou pod bien beyre.
Beyci pertant ce que m'estonne,
Qu'et s'y trobi quauque personne,
Que se fide en daus ponts traucats.
Mais encare ce que me fache,
Acos qu'a demi lous peccats
Son perdonnats quand l'on lous cache.
On s'estaquen nostes espris,
Lou Cardinau s'en ba fa giles;
Nostes soins seran inutiles
Per retira ce qu'et a pris.
N'importe, soufren toutes causes,

Nostes bourses son bien malauses ;
Mais si Condé sort de preyson.
Iou nou suy pas sens esperance
De beyre enfin tira reson
Daus maux qu'endure noste France.
  Bernad, ba t'en donc permena,
Fuy t'en, fey place à noste Prince,
Et sorten de noste Probince
Tu podes Nanon t'amena.
Ba, cargue té d'aquet bagage,
Et me semble qu'Agen enrage,
Qu'erre age pris chez et lou iour.
Tasche à repudia ta fame,
Et ren legitime vne amour,
Qu'en tous locs si fort te diffame.

Fin du quarriéme acte.

ACTE V.

SCENE PREMIERE.

VN CONSEILLER DEPVTE' DV PARLEMENT DE BOVRDEAVX, Et vn Conseiller de Paris.

LE CONSEILLER DV PARLEMENT DE PARIS.

ENcor cét estranger, cét objet de vos plaintes,
Le Mazarin est-il le sujet de vos craintes?

LE CONSEILLER DE BOVRDEAVX.

Ce n'est plus auiourd'huy l'interest de Bourdeaux,
Qui iette mon esprit dans des troubles noueaux.

LE CONSEILLER DE PARIS.

Ce perfide a quitté honteusement la Ville.

LE CONSEILLER DE BOVRDEAVX

Ie crains que l'on n'ait pris vne peine inutile,
Et ie ne puis pas croire, au lieu de le punir,
Que Paris dans ses murs ne le deust retenir.

Cét infame estant libre, il demeure en puissance
D'executer sur vous quelque horrible vangeance.

LE CONSEILLER DE PARIS.

C'estoit nostre dessein : mais il l'a preuenu,
Cét esprit meffiant a peine l'eut connu,
Que malgré nostre sage & secrete conduite,
Pour garantir sa teste il medita sa fuite ;
Mais puisque nostre Roy demeure entre nos mains,
Quels que soient contre nous ses malheureux desseins,
Nous aurõs le pouuoir de trõper l'esperance,
Qui luy fait conceuoir la perte de la France,
Pendant qu'il est absent nostre bon-heur est tel,
Que l'on peut desliurer son ennemi mortel,
Et rompant de Condé le funeste esclauage,
Sa fortune fera dans vn moment naufrage.

LE CONSEILLER DE BOVRDEAVX.

Et c'est le seul espoir, qui contre le trompeur
Rasseure mon courage, & dißipe ma peur.
Encore nous croyons que de nostre Prouince
Les interests sont joints auecque ceux du Prince.

LE CONSEILLER DE PARIS.

Si c'est le sentiment de vos braues Bourgeois,
Il ne touche pas moins le reste des François.
Nous sçauons de Condé que la rare vaillance
Est dans tous nos malheurs nostre vnique esperãce,
Et qu'en tous les combats nostre bonheur depend.

De la valeur qu'en nous son exemple repend.

LE CONSEILLER DE BOVRDEAVX.

Outre cét interest qui conceu de la sorte,
A toute nostre France également importe,
Nos bourgeois en ont vn qui n'ést pas general,
Pour mettre en liberté ce Heros sans égal;
Ce n'est pas sans raison que nostre esprit se fie,
Iustifiant Condé, que l'on nous iustifie.
Son eslargissement nous tire de souci,
Car s'il est criminel nous les sommes aussi.
On n'eust peu soustenir sa querelle sans crime,
Si sa detention eust esté legitime.
Mais si vous condamnez son emprisonnement,
Par là nostre innocence esclatte hautement.
Nous aurons auant vous l'equité deffendüe,
A cause que plustost elle nous fut connüe:
En cette occasion on dira que nos bras
Tenterent vainement ce q'uils ne peurent pas,
Et qu'en France abbatant la puissance estrangere,
Vous aurez enfin fait ce que nous voulions faire.
Encore nos Bourgeois par vne autre raison,
Souhaittent de Condé qu'on rompe la prison.
A cette extremité nostre ville est reduitte,
Que du Duc d'Espernon elle craint la poursuite.
On dit que nonobstant la declaration,
Qui porte ouuertement sa reuocation
Dans son Gouuernement on pretend le remettre,
Et c'est à quoy Bourdeaux ne sçauroit se soubsmet-(tre.

Nous auons donc besoin d'vn puissant protecteur,
Qui chasse de nos maux ce malheureux autheur.

LE CONSEILLER DE PARIS.

Vous pouuez vous flatter d'vne douce esperance,
Vous pouuez conceuoir vne ferme asseurance,
Que ce jeune Heros ne souffrira jamais,
Que le Conseil se porte à troubler vostre paix.
Deuant qu'estre obligé par la reconnoissance,
Sa bonté hautement soustint vostre innocence,
Elle arresta le cours de vos troubles premiers,
Et sembloit prendre part dans vos propres lauriers.

LE CONSEILLER DE BOVRDEAVX.

I'ose encore porter plus auant ma pensée,
Et croire que la France est trop interessée
A banir de nos cœurs les mescontentemens,
Qui pourroient exciter des nouueaux mouuemens,
Pour ne pas de nos maux banir la triste cause,
Au repos du pays sans cesse qui s'oppose :
Et pour entierement remettre les esprits,
Des diuers sentimens qui se trouuent surpris,
Ie croy qu'en cét estat nostre genereux Prince
Peut seul pacifier nostre pauure Prouince.

LE CONSEILLER DE PARIS.

Ie pense qu'à la fin il y faudra venir,
Et que pour effacer le triste souuenir
Des maux que vostre Duc a causé dans vos terres,

Nous vous deuons oster cet autheur de vos guer-
Et parceque Bourdeaux du Prince fut l'appuy, (res,
Que Bourdeaux aussi doit esperer tout de luy.

SCENE II.

MONSIEVR D'ORLEANS, LE DVC DE BEAVFORT, VN CONSEILLER DV PARLEMENT DE PARIS.

LE DVC DE BEAVFORT.

Vous auez bien chassé ce lasche de la Ville:
Mais prenez vne peine aux François plus
Poursuiuõs jusqu'au bout cet esprit insensé, (vtile.
L'on n'a rien presque fait; ce n'est que commencé:
Il faut que vostre Altesse acheue son ouurage,
L'interest de son sang à ce dessein l'engage.

LE DVC D'ORLEANS.

Ie ne suis pas d'humeur de laisser imparfait
Ce dont la France attend vn glorieux effet.
I'ay souffert trop long temps qu'elle fût malheu-
Par la necessité d'vne raison honteuse: (reuse
Ie dois de mon Neueu conseruer les Estats,
Et n'y pas épargner ny mon cœur ny mon bras.

Ie ne veux deſormais auoir de complaiſance
Qu'autant que le permet l'intereſt de la France.
Ma Patrie aujourd'huy m'a dit que ie luy dois
Tout autant que luy doit le reſte des François.

LE DVC DE BEAVFORT.

Ce ſont les ſentimens des Princes veritables
Qui ne ſont attachez qu'aux choſes raiſonnables:
Et quand le Mazarin auroit eu la bonté
D'obliger les François par ſa fidelité,
Qu'au lieu de les punir, & d'enuier leur gloire
Il leur auroit gaigné victoire ſur victoire,
Quãd meſme en ſa faueur nos yeux ſeroiẽt témoins
Qu'il auroit pour l'Eſtat employé tous ſes ſoins,
Et iuſques dans l'Eſpagne eſtendu noſtre Empire,
Puiſqu'il eſt Eſtranger nous deurions encor dire
Que ce n'eſt pas à luy que le rang appartient,
Que parmy les François ſon Eminence tient;
Lorſque des Eſtrangers on ſe ſert auec honte,
De noſtre Nation c'eſt faire peu de compte,
Et c'eſt nous ſoubçonner en cette extremité
De peu de ſuffiſance, ou d'infidelité:
Mais outre ce deffaut ce perfide eſt indigne,
Par mille trahiſons de cét honneur inſigne,
Où l'on le voit monté par la ſeule faueur.

LE DVC D'ORLEANS.

On ne peut que loüer cette illuſtre ferueur,
Que vôtre noble cœur & vôtre vigilance

Marquent inceſſamment pour le bien de la France.
Ce que vous propoſez ſe doit executer,
Puiſque de vos avis nous deuons profiter:
Et par ce que l'on voit que la pierre eſt iettée,
Acheuons entre nous vne choſe arreſtée;
Et ſi cét inſolent nous auons peu banir,
Priuons-le de l'eſpoir de iamais reuenir.

LE DVC DE BEAVFORT.

Seigneur, l'occaſion me ſemble fauorable
Pour conduire à ſa fin vn deſſein ſi loüable.

LE DVC D'ORLEANS.

Ie pretens obliger le Conſeil aujourd'huy,
A ſoûfrir qu'on prononce vn arreſt contre luy:
Et puis qu'il eſt chaſſé de cette grande Ville,
Du reſte du Royaume, en ſuitte qu'on l'exille.
Nous obtiendrons du Roy la declaration
Qui nous fortifi'ra dans nôtre intention.

LE CONSEILLER DE PARIS.

De plus le Parlement y fera ſes inſtances,
Et ioindra ſur ce point ſes humbles remonſtrances:
A nos cris, ſi le bien de l'Eſtat leur eſt cher,
Enfin leurs Majeſtez ſe laiſſeront toucher.
A toute extremité vous ſçauez la puiſſance,
Que vous dõne chez nous vôtre Illuſtre Naiſſance:
Venez authoriſer vn glorieux Arreſt,
Que nôtre Parlement à donner eſt tout preſt.

LE DVC D'ORLEANS.

Ie ne me flatte point, vôtre Cour Souueraine
Pourroit plus que nous tous obliger nôtre Reyne
A quitter le party de ce lâche estranger
Pour nous laisser en suitte en pouuoir de vanger
Les maux, dont cet infame accable nôtre Empire,
Qui pour ses lâchetez en mille lieux soûpire.

LE CONSEILLER DE PARIS.

Mais vous ferez valoir par vôtre authorité
Tout ce qu'auecque vous nous aurons arresté:
Nous ne tomberons plus dans ce malheur extreme,
Qu'on puisse se seruir de vous contre vous mesme,
Et l'on respectera des resolutions,
Dont le conseil craindra les executions:
D'ailleurs nous ne pouuons sans offencer la France,
Sans vous traitter des points de si haute importance,
Vous estes de l'Estat Lieutenant General,
Et vous deuez respondre, & du bien, & du mal,
Qui peuuent arriuer à la moindre Prouince
Dans la minorité de nôtre ieune Prince.

LE DVC D'ORLEANS.

Ie le dois, mais les Cieux me sont aussi temoins
Que i'ay pour cèt effet employé tous mes soins:
Et puisque vôtre Cour croit qu'il est necessaire
Que i'abatte auec vous la puissance estrangere,

Qu'vsurpoit le credit du lâche Mazarin,
Dont le honteux exil de nos maux est la fin.
Ie ne puis reietter vôtre iuste priere,
Pour remettre la France en sa splendeur premiere.
Je prendrai donc ma place en vôtre Parlement,
Et signerai l'arrest de son bannissement.

LE DVC DE BEAVFORT.

Faisons que cependant toutes choses soient prestes
Pour tirer de prison ces trois illustres testes.
C'est trop long-tẽps soûfert qu'vn Prince genereux
Gemisse dans les fers d'vn tyran malheureux:
Ie ne sçaurois penser sans rougir pour la France,
D'y voir par l'iniustice opprimer l'innocence:
Aussi leurs Majestez auec le Parlement
Ont aujourd'huy signé leur élargissement.

LE DVC D'ORLEANS.

I'ay desja là mis ordre, & par mon ordonnance
Le Prince Marsillac doit auec diligence
Partir pour deliurer ces Heros de leurs fers.

LE DVC DE BEAVFORT.

Pour nous faire oublier les maux qu'on a soûfers:
C'est le plus agreable & le plus prompt remede,
Ou parmi nos malheurs nous trouuerons vne aide,
Qui nous guarantissant d'vn cruel ennemi
Rendra de nos François le repos affermi.

SCENE III.

LE CONSEILLER DE PARIS, LE DOMESTIQVE DV CARDINAL, LE DVC D'ORLEANS, LE DVC DE BEAVFORT.

LE CONSEILLER DE PARIS.

Voicy du Cardinal le meilleur domestique
Qui vient de le quitter pour la cause publique,
Et qui n'approuuant pas le perfide attentat
Que son cœur meditoit pour ruiner l'Estat,
En veut donner auis sans doute à vôtre Altesse.

LE DOMESTIQVE DV CARDINAL.

Ouy Seigneur ie l'auouë, il faut qu'on le confesse
Que ce lâche Estranger, ce fol de Cardinal
Ne peut en trahisons rencontrer son egal:
Mesme s'il a hasté son depart de la Ville,
C'est pour rẽdre aujourd'huy son dessein plus facile.
C'ét esprit en malice & ruses si fecond
A laissé dans Paris un malheureux second,
Qui nourri dans les maux, & vieilli dans les crimes,
Suit, & les mesmes pas, & les mesmes maximes.
Ie vous découuriray le Conseil qu'il a pris

Deuant que s'engager à partir de Paris,
Du Seigneur d'Espernon il a tiré promesse
D'enleuer nôtre Roy par force ou par adresse:
Il croit qu'en son absence il sera plus aisé
D'executer entr'eux le dessein proposé.
Ie n'en veux pour temoins que vos propres orreilles.

LE DVC D'ORLEANS.

Tant de méchancetez ont-elles leurs pareilles.

LE DOMESTIQVE DV CARDINAL.

Mais venez voir ce Duc dans ce prochain iardin
Auec son Escuyer qu'on nomme S. Quentin.
Vous pouuez aisement oüir leur conference,
Et de tous leurs desseins entrer en connoissance.

SCENE IIII.

LE DVC D'ESPERNON, S. QVENTIN dans le Iardin du Palais Royal.

LE DVC D'ESPERNON.

Mais encor est-il vray comme tu l'as promis
Que tu t'es asseuré de mes meilleurs amis.

S. QVENTIN.

Ouy Seigneur ces Meßieurs oseront entreprendre,
Des bras si genereux tout ce qu'on peut attendre:
Si selon la iustice on eut reglé leur sort,
Leur valeur mille fois à merité la mort.
Ils n'apprehendent rien quand quelques auantages
Peuuent apparemment asseurer leurs courages.

LE DVC D'ESPERNON.

Ie dispose en vn mot de quatre cens filous,
Qui ne sçeurent iamais craindre rien hors les coups,
Et mon cœur est saisi d'vne frayeur pareille.

S. QVENTIN.

Croyez-vous qu'en ce lieu ce soit vne merueille
Si pour vous seconder & pour vous aßister,
Vôtre rare valeur on pretend imiter:
Vous n'auez nulle peur, quand les sujets de crainte
Cessent à vôtre esprit de donner quelque attainte.

LE DVC D'ESPERNON.

Pour seruir mes amis ie me sçay conseruer.

S. QVENTIN.

Et pour l'amour de vous ils veulent se sauuer:
Mais ils nous seruiront, puisqu'en cette rencontre
Nul peril à present à leurs yeux ne se montre.

LE

LE DVC D'ESPERNON.

Doncques ils oseront entreprendre sans moy
Le genereux dessein d'enleuer nôtre Roy.

S. QVENTIN.

Mon esprit ne croit pas qu'ils puissent s'y resoudre.

LE DVC D'ESPERNON.

Sans voir d'orage en l'air, ont-ils peur de la foudre?

S. QVENTIN.

Mais il peut s'y former.

LE DVC D'ESPERNON.

Donc dans cette action,
Ie ne sçaurois auoir trop de precaution:
Et i'ose apprehender, comme tu peux connêtre,
Vn danger qui n'est pas, mais pourtant qui peut être.

S. QVENTIN.

Cette mesme raison leurs esprits peut toucher.

LE DVC D'ESPERNON.

Et c'est ce qu'aprez tout nous deuons empescher.

S. QVENTIN.

Alors qu'il vous verront parmy leur assemblée.

Leur ame par la peur ne sera point troublée:
Et nous oserons tous mépriser vn danger,
Alors qu'à Vostre Altesse il parêtra leger.
Dans des choses, Seigneur, d'vne telle importance
Considerez vn peu ce que peut la presence;
Picquez-vous vn moment de generosité.

LE DVC D'ESPERNON.

Vn peu moins de courage, & plus de seureté.

S. QVENTIN.

Il faut que vôtre esprit enfin se determine.

LE DVC D'ESPERNON.

Il le faut, ie le voy: mais la fâcheuse épine,
Que ie crains le succés de cét enleuement.

S. QVENTIN.

Vous l'auez entrepris.

LE DVC D'ESPERNON.

Assez imprudemment.

S. QVENTIN.

N'auez-vous pas auant digeré toutes choses.

LE DVC D'ESPERNON.

Non, non, ie fus surpris examine-en les causes:
Ie pensay par l'exil de mon cher Mazarin,

Que i'estois menacé d'vn funeste destin,
Et quoy qu'en ma faueur mon espoir m'entretienne,
Ie sçai que sa fortune est l'appuy de la mienne :
C'est par le seul pouuoir de son authorité
Qu'au malheur iusque icy i'ay toûjours resisté.
Si soubs ses ennemis ce grand homme succombe,
Il faut qu'auecque luy toute ma grandeur tombe :
Les Bourdelois viendront au bout de leurs souhaits,
Et par ma perte entiere ils seront satisfaits ;
Car si mon protecteur dans ce malheur extreme,
A besoin de trouuer vn protecteur luy mesme,
Adieu France, ie doy pour la peur de nos loix
Moy-mesme m'en banir pour la seconde fois :
Ainsi par trois raisons aujourd'huy ie m'oblige
A cét enleuement dont le hazard m'afflige,
Par la reconnoissance, & par mon interest,
Par ma parole enfin qui me tient lieu d'arrest :
Mais pourtant ma parole, & la reconnoissance,
Sur moy sans l'interest auroient peu de puissance ;
Et quand cette parolle encore m'échapa,
Cét aueugle interest par malheur me trompa.
Auant qu'en ces desseins vn sage homme s'engage,
Il luy faut en tous points consulter son courage :
Mais puisque le danger ne me semble pas grand,
Dans l'execution que mon cœur entreprend ;
De nos fiers ennemis trompons la mesiance,
Et preuenons leurs soins par nostre diligence :
Dans vne heure au plus tard que tu sois de retour ;
Ie m'en vay presentir ce qu'on dit à la Cour.

SCENE V.

LE DOMESTIQVE DV CARDINAL, LE DVC D'ORLEANS, LE DVC DE BEAVFORT, LE CONSEILLER DE PARIS.

LE DOMESTIQVE.

Vous fustez-vous douté de cette perfidie.

LE DVC D'ORLEANS.

Quoy donques ces coquins ont l'ame assez hardie
Pour ozer mediter l'enleuement du Roy.

LE DVC DE BEAVFORT.

A peine puis-i'encor croire ce que ie voy:
Ah! que les Bourdelois ont eu de la iustice,
Quand ils se sont armez pour punir la malice
De ce fol malheureux, qui croiant se vanger,
Se declare en faueur d'vn perfide Estranger:
Nous auons neantmoins cét heureux avantage,
Que nos fiers ennemis n'ont pas trop de courage
S'il faloit consulter leur seule volonté,
Ils executeroient ce qu'ils ont proietté,
Ainsi le moindre effort que l'on fasse est capable
De battre de ces gens la troupe detestable.

LE DVC D'ORLEANS.

Ie sçay que nous pouuons en cette occasion
Dissiper aisement leur coniuration.

LE CONSEILLER DE PARIS.

Il ne faut pas pourtant mepriser vne chose,
Qui d'vn sanglant malheur pourroit estre la cause;
Nous n'auons decouuert que quelques coniurez
Qui marquent que leurs cœurs ne sont pas asseurez:
Mais nous ne sçauons pas si des mains plus vaillantes
Ne seconderont point ces ames insolentes.

LE DVC D'ORLEANS.

Ie vous suis obligé pour de si bons avis,
Et suis raui qu'ils soient heureusement suiuis.
De la ville allez donc faire fermer les portes,
Et sur tout qu'aujourd'huy les gardes y soient fortes:
Et vous qui nous auez decouuert vn dessein,
Que par vostre moyen nous allons rendre vain;
Mettez dans ce moment le peuple soubs les armes,
Qu'il soit prest à sortir aux premieres alarmes.

SCENE VI.

LE DVC DE BEAVFORT, LE DVC D'ORLEANS.

LE DVC DE BEAVFORT.

NE condamnez-vous pas vôtre propre bonté
Par qui le Mazarin si long-temps fût flatté:
Si vôtre Altesse eust eu la main vn peu plus prompte
Pour vanger les François de leur commune honte,
Nous ne nous verrions point en estat d'auoir peur
Des ruses, dont se sert cet insigne trompeur,

LE DVC D'ORLEANS.

Ne croy pas en depit de toute sa malice,
Que de ce malheureux le dessein reüssisse.

LE DVC DE BEAVFORT.

Nous en auons au Ciel les obligations,
Qui nous a decouuert ses conspirations:
Qu'eussions-nous enfin fait! si ce sien domestique,
N'eust pas trahi sa foy pour la cause publique.

LE DVC D'ORLEANS.

La foy n'oblige point vn homme né François,

Par toute la rigueur de ses plus rudes loix,
Pour vn Maistre estranger à trahir la patrie,
Que nous deuons seruir au peril de la vie.

LE DVC DE BEAVFORT.

I'auoüray sur ce point que la fidelité
Ne passera iamais pour generosité:
Elle deuient alors & lâche & criminelle,
Et par vn Zele faux rend vne ame infidelle:
Mais puisque le destin s'est pour nous declaré
Que l'orage aujourd'huy contre nous preparé,
Nous rencontre à couuert de toutes ses tempestes,
Et de nos ennemis qu'il menace les testes.
Songeons à l'auenir qu'vn semblable attentat,
Ne puisse plus troubler le repos de l'Estat.

LE DVC D'ORLEANS.

Il faut entierement exiler de la France
Ce Ministre ignorant, qui du Nom d'Eminence
Se trouue parmy nous honoré par malheur,
Tout indigne qu'il est de ce haut rang d'honneur:
A son bannissement mon ame est resoluë,
Cette chose est de tous trop long-temps attenduë,
Pour ne pas accorder aux François genereux
Ce qui fait châque iour l'objet de tous leurs vœux:
I'attends qu'au premier iour le Parlement s'assemble,
Afin que nous parlions de cette affaire ensemble.

SCENE VII.

LE DOMESTIQVE DV CARDINAL, LE DVC D'ORLEANS, LE DVC DE BEAVFORT.

LE DOMESTIQVE DV CARDINAL.

Vos ordres, Monſeigneur, ſont tous executez,
Le peuple eſt deſ-ja preſt ſelon vos volontez.

LE DVC D'ORLEANS.

Ie mets en ta parole une entiere eſperance:
Adieu, ie me retire auec toute aſſeurance.

LE DOMESTIQVE DV CARDINAL.

De ma fidelité les effets reſpondront,
Quand de nos ennemis nos bras triompheront;
Faiſons icy le guet auprez de cette porte:
Voicy venir nos gens, cette perfide eſcorte
De cet enleuëment qu'ils concertent entr'eux.
Eſcoutons leurs diſcours.

SCENE

SCENE VIII.

LE DVC D'ESPERNON, S. QVENTIN, & de hommes armez.

LE DVC D'ESPERNON.

Suis ie pas malheureux
Que de m'estre engagé moy-mesme dans l'orage.

S. QVENTIN.

Rappellez, Monseigneur, cét insigne courage,
Que le front couronné d'vn laurier glorieux
Vous auez temoigne dans mille diuers lieux:
Repassez deuant vous ces illustres victoires,
Dont vostre valeur seule honore nos histoires.
Vn cœur si genereux pourrat-il consentir
Qu'en cette conioncture il s'ose dementir;
Vous ne courez point plus de hazard pour la vie,
Qu'au combat de Libourne, où qu'à Fontarabie,
Où qu'au siege fameux de cette Sauuetat,
Qui porta vôtre nom dans vn si haut esclat.

LE DVC D'ESPERNON.

Dans des pareils hazarts, si iamais ie retourne:
Peut-estre ignores-tu qu'au combat de Libourne

Par vne trahison ie m'estois asseuré
Contre tout le malheur qui m'estoit preparé:
Mais encor en depit de toute ma prudence,
Souuent de mon salut i'y perdis l'esperance,
Cette peur tellement reste en mon souuenir
Que i'en veux deuenir plus sage à l'auenir.
Quand à Fontarabie on vid mes gens en fuite:
Auant que ma valeur au combat fût reduite:
Mais pour la Sauuetat que l'on ignore pas
Que ie vainquis le chef, pour vaincre les soldats,
Sans courir de hazard pour assouuir ma haine,
Mon argent m'achepta la victoire sans peine.

S. QVENTIN.

Icy vous n'auez point d'ennemy contre vous.

LE DVC D'ESPERNON.

Ie le veux, ie le croy: mais prenons garde à nous:
Ma Nanon à iamais seroit inconsolable,
Si le triste accident d'vn malheur deplorable
La priuoit auiourd'huy d'vn si fidele amant:
Pour ne pas hazarder ma vie imprudemment,
Deuant que s'engager plus auant dans la ruë,
Fai-moy de tous costez vne exacte reueuë.

S. QVENTIN.

Seigneur ie n'entends rien, ie ne voy rien du tout.

LE DVC D'ESPERNON.

Và marche plus auant, visite iusqu'au bout.

S. QVENTIN.

Tout me paroiſt en paix, enfonçons cette porte.

LE DVC D'ESPERNON.

Atten encor vn peu, mon ame eſt demy morte :
Veux-tu perdre ton Maiſtre en ce mortel effroy.

SCENE IX.

LE DOMESTIQVE DV CARDINAL, LES PARISIENS en armes. LE DVC D'ESPERNON, & ſes gens qui fuyent.

LE DOMESTIQVE DV CARDINAL.

AVx armes, à la force, on enleue le Roy.

LE PEVPLE.

Aſſomme.

S. QVENTIN & les autres.

Sauuons nous.

LE PEVPLE.

Aſſomme, aſſomme, tuë.

LE DOMESTIQVE DV CARDINAL.

Voicy l'autheur du mal au milieu de la ruë.

LE PEVPLE.

Frappe, n'espargne rien.

LE DVC D'ESPERNON dans la bouë.

Grace mes chers amis.

LE PEVPLE.

Grace à toy le plus grand de tous nos ennemis:
Faisons valoir les grez, & les cotreZ, assomme.

LE DVC D'ESPERNON à genoux.

AyeZ pitié, Messieurs, d'vn si malheureux homme.

LE PEVPLE.

Sus, courage, vangeons nos amis de Bourdeaux,
Espuisons de son sang les infames ruisseaux.

LE DVC D'ESPERNON.

I'ay des-ja de vos coups vne épaule froissée:
Ah! ce coup de baston m'a la teste cassée.
La vie!

LE PEVPLE.

Et qui voudroit t'en faire vn meschant don:
N'es-tu pas miserable indigne de pardon;

Accourez mes amis, cét infame m'échappe,
Il n'en est pas dehors, cours, vole, attrappe, attrappe:
Il est pris, & ma main le tient par les cheueux:
Mais qu'est-ce que ie voy! suisie pas malheureux,
Ce lâche n'a laissé que sa perruque en gage;
Ridicule ornement d'vn vilain personnage,
Va-t'en seruir pour luy de trophée à Bourdeaux,
Attendant là le iour que la main des Bourreaux
Sur sa teste execute vne iuste vengence,
Tien pour elle sa place au bout d'vne potence.

STANCES Gascones.

NE parlan iamei plus d'aquets dibers dommages,
Que nostre bille a recebuts,
A cause que nous aux n'ellen pas assez sages.
Ets beleu nous ellen dibuts:
Diu, quand nostes peccats an comblat leurs mesures,
Fei naische daux tyrans per banga ses iniures.

Daus tyrans mei que nous dens la honte daus crimes,
Bilainemen abandonnats:
Mais lous arrests dau ceu sont tousiours legitimes,

Alors qu'et fei ce qué l'y plats:
Et comme lous petits per lous grands diu castigue,
Sa man contre lous grands lous petits soubenligue.

Souffren per nostre bien quand lou ceu nous afflige,
D'esta dau malheur lou ioüet,
Taschen d'en profita, qu'vn cadun se corrige
Aprés tant de cops de foüet.
Que de son sainct courrous lou suieit l'on banisse,
Pour ne ressenti plus l'effet de sa iustice.

Iou nou demandi plus d'abé de recompence,
Per abé perdut mous houstaus:
Iou nou souhaitti plus de tira de bengence,
Per abé sentit tant de maus:
Aquets cops de baston balen toutes les pertes,
Qu'abec trop de malheur la Probince a souffertes.

Iou sui mei satisfeit que mon co n'esperabe,
Iou sui tout à fait consolat,
Permi tous sous transsports mon courroux ne gauzabe,
Souhaita ce qu'es arribat,

Aquet bilain trainat au mitan de la roüille,
Semblable dens la fagne vn porc que se gargoüille.

Qu'et s'es troubat heuroux de porta la perruque,
Comme d'esta tout esbarbat,
Anuit sur son menton, comme dessus sa nuque
Nat peu ne luy fus demourat:
Et pelat per pelat l'infame a l'abantage,
Qu'et n'à pas de nous aux souffert aquet outrage.

Fin de la Bernarde.

www.ingramcontent.com/pod-product-compliance
Lightning Source LLC
LaVergne TN
LVHW050419160826
845677LV00002BA/440
9782329755311